VORTRÄGE
DER AENEAS-SILVIUS-STIFTUNG
AN DER UNIVERSITÄT BASEL

XXXVI

HANS HALTER

# MIGRATIONSPOLITIK ZWISCHEN ABSCHOTTUNG UND MULTIKULTURALISMUS

Analysen, Ziele und Leitplanken
aus sozialethischer Perspektive

SCHWABE & CO AG · VERLAG · BASEL

Sechsunddreissigste Vorlesung der Aeneas-Silvius-Stiftung
gehalten am 23. Juni 1999
in der Universität Basel


Printed in Switzerland
ISBN 3-7965-1433-2

HANS HALTER

# MIGRATIONSPOLITIK ZWISCHEN ABSCHOTTUNG UND MULTIKULTURALISMUS

Analysen, Ziele und Leitplanken aus sozialethischer Perspektive

## 1. Der Kosovokonflikt 1999 als neue Herausforderung

Die grausame Vertreibung der albanischen Kosovaren aus ihrer angestammten Heimat durch serbische Polizei, Armee und Freischärler – insbesondere während des Luftwaffeneinsatzes der NATO von März bis Juni 1999 – hat auch die schweizerische Bevölkerung erschüttert. Von links bis rechts war man sich einig, dass jetzt tatkräftig und rasch geholfen werden müsse, und zwar vor Ort, in den improvisierten, überfüllten Flüchtlingslagern rings um das Kosovo. Man konnte sich aber auch ausrechnen, dass die Schweiz mit ihren bereits über 150 000 Kosovo-Albanern, die in den 70er und 80er Jahren als Arbeitskräfte in die Schweiz geholt worden waren, zu einem besonderen Anziehungspunkt für Kosovo-Flüchtlinge werden würde. Trotz der hohen Bereitschaft, während des Kosovokrieges Kosovo-Albaner in der Schweiz vorläufig aufzunehmen, machte sich die Furcht vor einer «Überschwemmung durch einen Flüchtlingsstrom» breit. Dies verstärkte die nicht nur latente, sondern im rechten politischen Spektrum immer wieder ausgesprochene, teilweise auch geschürte Angst vor einer weiteren Zunahme des als bedrohlich empfundenen Asylantenzustroms. Ohnehin sei die ausländische Bevölkerung in der Schweiz schon zu zahlreich. Noch während der Vertreibung der Kosovo-Albaner konnte die Schweizerische Volkspartei (SVP) Anfang Mai im Kanton Luzern mit ihrem Wahlslogan «Damit wir nicht Fremde werden im eigenen Land» einen Grosserfolg feiern. Das überwältigende Mehr von 71% in der schweizerischen Volksabstimmung vom 13. Juni 1999 zu den beiden Asylvorlagen kann als symptomatisch gelten für die ambivalente Stimmung in unserem Volk: Ja zum Asyl für echte Flüchtlinge und zur vorläufigen Aufnahme von wirklich Schutzbedürftigen, aber auch Ja zu einer restriktiveren Asylpolitik, die mit dem Asylmissbrauch Schluss macht.

Das Schweizer Volk hat – darin gewiss kein Sonderfall unter den Staaten Westeuropas! – mindestens zwei Seelen in der Brust: Die von Angst und Abwehr, teilweise auch von Ausländerfeindlichkeit geprägte Seele wird politisch in bürgerlichen Parteien rechts von der Mitte unter Führung der SVP verkörpert.[1] Die andere Seele, die sich durch Verständnis und Wohlwollen gegenüber Flüchtlingen und Ausländern überhaupt sowie häufig durch ein multikulturalistisches Gesellschaftsverständnis auszeichnet, wird von der politischen Linken, besonders von den Grünen[2], und am engagiertesten von christlichen Theologinnen und Theologen, Kirchenleitungen, kirchlichen Bewegungen und Hilfswerken[3] repräsentiert. Die bürgerliche Mitte – Freisinnige (FDP), Liberale (LP) und Christlichdemokratische Volkspartei (CVP) – hält sich ausländerpolitisch am liebsten bedeckt: Man ist zwar für Personenfreizügigkeit im EU/EWR-Raum und beschwört die humanitäre Tradition der Schweiz, je näher aber die Wahlen kommen, desto häufiger und markiger werden auch hier Forderungen nach Bekämpfung des illegalen Aufenthalts und des Asylmissbrauchs laut.[4] Denn damit sind – die SVP-Erfolge beweisen es – mehr Stimmen zu holen.

Die polarisierte migrations- oder ausländerpolitische Debatte ist schon im Ansatz eine auch *ethische Debatte*. Jede Seite hält sich auch ethisch gesehen für die richtige oder setzt stillschweigend eine ethi-

[1] Die in den letzten Jahren auf Kosten der bürgerlichen Mitte und der kleinen Rechtsaussen-Parteien stark wachsende SVP (Schweizerische Volkspartei) wendet sich seit Jahren, besonders anlässlich von Volksabstimmungen und Wahlen, in Zeitungsannoncen an die Bevölkerung. Schwerpunkt ist der Kampf gegen die illegale Einwanderung, wobei 90% der Asylbewerber als unechte Flüchtlinge betrachtet werden, welche durch ihren «Asylmissbrauch» die «Schweiz verachten». Die Botschaft heisst: Mit der zehntausendfachen gesetzwidrigen Ansiedlung von Rechtsbrechern stiegen die Kosten für Bund und Kantone, die Kriminalität, der Drogen- und Menschenhandel. Die Schweiz sei zum Schlaraffenland für Asylmissbrauch, zum Eldorado für Kriminelle geworden. Fazit: Auf Asylgesuche illegal Eingereister sei nicht einzutreten, abgewiesene Asylbewerbende seien konsequent und rasch auszuweisen. Der Ausländeranteil sei zu stabilisieren.

[2] Vgl. Grüne Position.

[3] Einen Überblick über kirchliche Stellungnahmen bis 1995 bietet Rethmann, 271–293; vgl. ders., Kirchliche Stellungnahmen zur Asyl- und Migrationspolitik, in: Furger (Hg.), 189–209.

[4] Das gilt heute auch für die CVP, die sich vor wenigen Jahren in ihrem offiziellen Positionspapier – Christlichdemokratische Volkspartei, Auf dem Weg zu einer Migrationspolitik der Schweiz, Bern 1995 – zur Asyl- und Flüchtlingspolitik noch offener geäussert hat.

sche Position voraus, wie schon die vielen, allseits gebrauchten wertenden Ausdrücke zeigen: Humanitäre Tradition, Menschen- und Völkerrechte, Solidarität, Schutzbedürftige auf der einen Seite, Überfremdung, Asylmissbrauch, Illegalität, Schmarotzertum oder gar Kriminalität auf der andern Seite. Wenn ich nun versuche, das Thema aus einer ethischen Perspektive etwas zu beleuchten, so bin ich mir der Schwierigkeit bewusst, dass hier Ethik gegen Ethik oder besser: Moral gegen Moral steht. Die Frage, welche ausländerpolitische Ethik denn nun die ethischere sei, ist jedenfalls für die politische Konkretisierung nicht mit absoluter Sicherheit zu beantworten, es sei denn, man vertrete einen fundamentalistischen Standpunkt. Mit einem totalen ethischen Relativismus können wir uns aber ebensowenig zufrieden geben: Pragmatisch gesehen verunmöglicht dies das Zusammenleben sowie notwendige politische Entscheidungen; theoretisch gesehen existiert der Boden für einen Konsens bzw. eine allgemeinverbindliche Lösung – jedenfalls im Grundsätzlichen – zumindest in unserem abendländischen Kulturkreis durchaus. Ich suche im folgenden nach diesem Konsens auf dem Boden einer vom Glauben getragenen und geprägten Vernunft, wobei ich davon ausgehe, dass das, was vom Glauben gestützt wird, auch abgesehen vom Glauben einsehbar und begründbar und darum konsensfähig ist. Zuerst werde ich mit einigen grundsätzlichen Überlegungen die anthropologisch-ethische Grundlage schaffen, auf der ich anschliessend eine Stellungnahme zu verschiedenen Bereichen und Aufgaben einer aktuellen Migrationspolitik zu geben versuche.

## 2. Der anthropologisch-ethische Ansatz

Ich gehe davon aus, dass es für eine Migrationspolitik – hier verstanden als staatliche Regelung der transnationalen Auswanderung und besonders der Einwanderung – verbindliche anthropologische und ethische Grundannahmen und verbindliche Zielsetzungen in Form von Prinzipien, Kriterien und Normen braucht, das heisst, dass es politisch nicht ausreicht, sich positivistisch allein an den geltenden nationalen und internationalen Gesetzen oder opportunistisch an den gerade gegebenen politischen Mehrheiten auszurichten. Ich setze damit die mehr oder weniger spannungsvolle Differenz zwischen geltendem Recht (Legalität) und Gerechtigkeit als moralischer Forderung (Legitimität) voraus.

### *2.1. Zwei fundamentale Rahmenbedingungen und ethische Grundforderungen*

Ich nenne zuerst zwei fundamentale Rahmenbedingungen, die ebensolche ethische Forderungen implizieren. Sie sind wie zwei Pole eines Spannungsfeldes, in dem sich unser individuelles wie kollektives (politisches) Wahrnehmen, Entscheiden und Handeln entweder abspielen müssen oder abspielen sollen.

- Die erste Rahmenbedingung ist die Erinnerung an eine urmenschliche *Grenze*, dass wir nämlich *auf Erden niemals ein Paradies einrichten* können (vgl. Gen 3ff.). Dies liegt an der natürlichen Begrenztheit unseres Lebensraumes, seiner Ressourcen und unserer menschlichen Kräfte, was durch menschliches Versagen als Konglomerat von Schicksal, Schwäche und Schuld noch erheblich verstärkt wird. Was wir auch immer unternehmen, wir werden bei jedweder Lösung Nachteile oder Übel in Kauf nehmen müssen, was uns angesichts ständiger Ziel-, Güter- und Übelkonflikte zur Güterabwägung zwingt. Wir können sogar bei bestem Willen, maximaler Anstrengung und optimalem Mitteleinsatz nie alle Bedürfnisse zur Zufriedenheit aller hier und weltweit, kurz- und langfristig Betroffenen befriedigen. Das ist der Geburtsort des *Gerechtigkeitsproblems.* Für die Wahrnehmung unserer konkreten politischen Verantwortung heisst das, dass wir leider nicht mehr als gute Kompromisse anstreben und erreichen können. Es gibt *keine perfekten Lösungen.* Damit ist auch der politische Streit um das jeweils konkret Richtige programmiert.
- Die zweite Grundannahme weiss darum, dass wir gerade angesichts der zunehmenden Globalisierung der Probleme und Aufgaben und der dadurch verstärkten Erfahrung der Grenzen unserer Macht je länger, je mehr in *Gefahr* sind *zu resignieren.* Die Folge davon ist, dass wir bestehende ungerechte Verhältnisse zementieren, ungerecht deswegen, weil Vorteile und Lasten – seien sie naturgegeben oder durch menschliche Entscheidungen bedingt – nicht nur ungleich, sondern unangemessen im Blick auf Leistung oder Bedarf verteilt sind. Weil und soweit bestehende ungerechte Verhältnisse verbessert werden können, müssen sie ethisch gesehen auch verbessert werden. Wenn es wegen der ersten Grundannahme schon keine maximale Gerechtigkeit gibt auf dieser Erde, so doch immer eine mögliche *«grössere Gerechtigkeit»,* wie Jesus in der Bergpredigt sagt (Mt 5, 20). «Grössere Gerechtigkeit» muss das Ziel allen politischen Handelns unter einer sozialethischen Perspektive sein.

### 2.2. *Einige ethische Fundamentalia (Prinzipien)*

Die folgenden drei ethischen Prinzipien[5], die das Fundament jeder Sozialethik sind[6], haben auch als Grundlage und als Massstab einer anzustrebenden Migrationspolitik zu gelten.

#### 2.2.1. *Menschenfreundlichkeit auch als Fremdenfreundlichkeit*

Wir haben davon auszugehen – und das ist eine der grössten Errungenschaften unserer jüdisch-christlich geprägten abendländischen Kultur –, dass *jeder Mensch* unabhängig von seinem Geschlecht, seiner Hautfarbe oder seinem Aussehen («Rasse»), seiner Religion, seiner Herkunft, seiner Volkszugehörigkeit, seiner Leistungsfähigkeit und seiner gesellschaftlichen Position als Person die *gleiche Würde* hat. Theologisch gründet dieser Ansatz im Glauben, dass jeder Mensch Gottes Ebenbild (AT), von Gott geliebt und zur ewigen Vollendung berufen ist (NT). Philosophisch ausgedrückt heisst dies in der Nachfolge Kants, dass jeder Mensch ein Selbstzweck ist, nicht instrumentalisiert werden darf und um seiner selbst willen zu achten ist in seinem Lebenswillen und in seiner Freiheit. Damit ist vorausgesetzt, dass jeder Mensch das *gleiche Recht* hat *auf Dasein und auf Wohlergehen*. Dies impliziert das Recht, die Grundbedürfnisse befriedigen zu dürfen, soweit dies in der gegebenen Situation überhaupt möglich ist.

Dieser Grundansatz wird durch *grundlegende ethische Prinzipien* weiter ausgedeutet und konkretisiert: Da ist die sich in irgendeiner Form in allen Kulturen findende *Goldene Regel,* die wir aus der Bibel ken-

[5] Die drei ethisch verbindlichen Prinzipien liessen sich auch unter dem umgreifenden Prinzip der *Nachhaltigkeit (sustainable development)* zur Sprache bringen. Nachhaltigkeit umfasst sowohl eine ökologische wie eine ökonomische und eine soziale Zielsetzung. Das macht den neuen Begriff der Nachhaltigkeit zu einem äusserst komplexen Allerweltskriterium, besser zu einem umfassenden Entwicklungskonzept, und zwar nicht nur für die sogenannte Dritte Welt. Der Übersichtlichkeit und Klarheit halber wird das mit Nachhaltigkeit Gemeinte hier unter dem Aspekt der Sozialverträglichkeit (inklusive Wirtschaftsförderlichkeit) und der Umweltverträglichkeit zur Sprache gebracht, wobei zwischen Menschenfreundlichkeit (Personwohl, Individualverträglichkeit) und Sozialverträglichkeit (Allgemeinwohl) bewusst unterschieden wird. Zur Entstehung und zum Inhalt des komplexen neuen Sustainability-Leitbegriffs siehe Münk.

[6] Zu diesem Absatz vgl. die einschlägigen Abhandlungen in den grundlegenden Entwürfen zur theologischen Sozialethik von Anzenbacher; Furger; Furger (Hg.), 133–188; Kerber; Rich; vgl. Kirchenamt, 44–59; Wils (Hg.); Tremmel, 195–268.

nen: «Was du nicht willst, was man dir tu, das füg' auch keinem andern zu.» Diese Grundregel wurde durch das biblische Gebot der *Nächstenliebe* ins Positive gewendet, universalisiert und auf alle Menschen über den Zaun des eigenen Clans oder Volkes hinaus ausgedehnt, weswegen in der Bibel auch die *Fremdenfreundlichkeit* zum Gebot wird.[7] Eine andere, vom gleichen Ansatz ausgehende Grundforderung ist *Solidarität*, die uns ermahnt, uns mitfühlend auch um die andern zu kümmern, soweit sie unserer Hilfe bedürfen. Je mehr wir uns in den letzten Jahrzehnten der Probleme und Nöte der Menschen, Völker und Staaten weltweit bewusst geworden sind, desto umfassender ist der Anspruch der Solidarität geworden.[8] Das Gleiche gilt für die Forderung der *Gerechtigkeit*, die uns verpflichtet, angesichts stossender Ungleichheiten im Blick auf die Lebenschancen und Lasten allen nach Möglichkeit das zu geben oder wenigstens zu belassen, worauf diese aufgrund ihrer Leistung oder ihrer gerechtfertigten Bedürfnisse einen Anspruch haben. Auch wenn man nicht von der biblisch klaren «vorrangigen Option für die Armen» (Befreiungstheologie) ausgeht, sollte es sich eigentlich von selbst verstehen, dass im Rahmen der Solidarität *jene Menschen den Vorrang haben, denen es am schlechtesten geht*. Das auf der gleichen Würde aller Menschen basierende Gerechtigkeitsprinzip ist im Laufe der neuzeitlichen Geschichte auf der politischen Ebene konkretisiert worden im Konzept der *Menschenrechte* als Abwehrrechte der Freiheit gegen staatliche Übergriffe und als Anspruchsrechte auf Teilhabe an den materiellen und geistigen Gütern bis hin zu politischen Mitwirkungs- und Mitentscheidungsrechten.

Welche prinzipiellen Konsequenzen ergeben sich hieraus für eine Migrationspolitik?

- Die grundlegende Konsequenz ist, dass *alle* von der Migration betroffenen Menschen mit ihren berechtigten Bedürfnissen gleicherweise ernst genommen werden müssen: Die *Aus- und Einwandernden* selbst[9], die *Menschen des Auswanderungslandes und die des Einwanderungslandes*. Die Einwandernden sind, auch wenn sie ungefragt ge-

[7] Zum biblischen Ansatz vgl. Kirchenamt, 45–54; Tremmel, 21–37; Rethmann, 237–254; G. Steins, «Fremde sind wir ...». Zur Wahrnehmung des Fremdseins und zur Sorge für die Fremden in alttestamentlicher Perspektive, in: Furger (Hg), 133–150.

[8] Vgl. Brieskorn (Hg.).

[9] Die frauenspezifischen Probleme verdienten mehr Beachtung, vgl. Karrer u.a.

kommen sind, als Menschen wohlwollend und hilfsbereit zu behandeln, so wie auch wir behandelt werden möchten, vor allem dann, wenn wir uns in der Situation des Auswandernmüssens aus irgendwelchen Gründen befinden würden. Wir haben die *moralische Verpflichtung, Menschen zu helfen und ihnen Schutz zu gewähren*, wenn sie an Leib, Leben oder Freiheit ernsthaft gefährdet sind. Dies verlangt das oben skizzierte Ethos der Solidarität.

- Auf dem Boden des Menschenrechts-Ethos herrscht Einigkeit darüber, dass das *Recht auf Auswanderung* ein Menschenrecht ist.[10] Nun wird in der ethischen Diskussion erörtert, ob es nicht konsequenterweise auch ein Recht auf Einwanderung geben müsse – und zwar nicht nur für Flüchtlinge –, weil sonst das Auswanderungsrecht in vielen Fällen seinen Sinn verlieren würde.[11] Dieses Argument setzt jedoch eine Symmetrie voraus, die so höchstens formal-abstrakt existiert. Die Verweigerung der Auswanderung ist eine viel gravierendere Einschränkung der Freiheit als die Verweigerung der Einreise in irgendein Land. Der Zürcher Ethiker P. A. Schmid möchte trotzdem an einem grundsätzlichen Recht auch auf Einwanderung festhalten mit dem Argument, das Recht auf Chancengleichheit als ein Kerngedanke der Menschenrechte erfordere, dass alle Menschen die gleichen Chancen auf Entfaltung und zum Gütererwerb haben sollten, was er allerdings nicht absolut versteht.[12] Aber auch diese Begründung eines Einwanderungsrechts erscheint abgesehen von der faktischen Durchführbarkeitsproblematik insofern nicht zwingend, als Auswanderung und Einwanderung zwecks Verwirklichung der gleichen Lebenschancen nicht automatisch eine Verbesserung der Lebenssituation zur Folge haben müssen; die Armut könnte sich auch einfach von einem Land ins andere verlagern (Schichtzugehörigkeit), neue Probleme könnten entstehen (Ausgrenzung als «Fremde», neue

[10] Vgl. Art. 13 der Allgemeinen Erklärung der Menschenrechte von 1948 (Freizügigkeit und Auswanderungsfreiheit).

[11] Dieser Gedanke eines doppelseitigen universalen Migrationsrechts war im 19. Jahrhundert verbreitet und wird vereinzelt heute noch vertreten, so etwa bei Dummet, 173. Der Ansatz scheint auch im Papier «Grüne Position zur Migrationspolitik» der schweizerischen Partei der Grünen vertreten zu werden: Das Papier beginnt mit dem Satz: «Für uns Grüne ist der freie Entscheid, sich in einem andern Land niederzulassen, ein Menschenrecht.»

[12] P. A. Schmid: Einreisebeschränkungen könnten ein Gebot der Klugheit sowohl im Interesse der Einwanderungs- wie der Auswanderungsländer sein, wobei dann eine Kompensationspflicht im Sinne eines Kapitaltransfers in die Dritte Welt bestehe.

Chancenungleichheiten). Kommt dazu, dass mit diesem Ansatz nur Interessen der Einwandernden berücksichtigt werden, nicht aber jene des Einwanderungslandes. Auch einem individuell verstandenen Recht auf Asyl sind hier Grenzen gesetzt.

### *2.2.2. Sozialverträglichkeit im Hinblick auf die Emigrations- und Immigrationsländer*

Der zweite ethische Ansatz setzt ein bei der Grundannahme, dass es nicht nur die ethisch unbedingt verbindliche Sorge um das Wohlergehen aller Individuen gibt, sondern ihretwegen auch die *Sorge um die strukturellen Bedingungen und Ordnungen gemeinsamen Lebens*. Weil das Soziale aber mehr ist als die Summe von Individuen, hat das Gemeinschaftliche, Gesellschaftliche, Staatliche und Überstaatliche mit all den dazugehörigen Strukturen nicht nur ein eigenes Gewicht, sondern über das Individuelle hinaus auch einen relativen Eigenwert. Wir können das Gemeinte herkömmlich als *Allgemeinwohl* bezeichnen. Unter diesem Aspekt ergeben sich eine ganze Reihe von *sozialen Gütern*, die zu respektieren und je nachdem zu schützen und zu fördern sind. Diese sozialen Güter dürfen aber wegen der hier dauernd aktuellen Güter- bzw. Zielkonflikte niemals absolut gesetzt werden. In der Realisierung unterliegen sie daher einer Güterabwägung:

- Da sind zuallererst die *menschlichen Primärgruppen*, allen voran Partnerschaften, Ehe und Familie, die sowohl individuell wie sozial von hoher Bedeutung sind. Darum spielt die Frage des *Familiennachzugs* in der Migrationspolitik zu Recht eine gewichtige Rolle.
- Es geht um die Erhaltung oder Erringung eines *friedlichen, vielfältigen gesellschaftlichen Zusammenlebens*, was zu tun hat mit einer vielfältigen und darum komplexen *Kultur.*[13]

[13] Unter Kultur verstehe ich hier mit H.-J. Hoffmann-Nowotny, Analytisch alter Wein in ideologisch neuen Schläuchen, in: unizürich, 6–9, 6, das Symbolsystem einer Gesellschaft, das vermittelt wird durch vielfältige Institutionen, welche die grundlegenden Werte und Normen, Verfahrens- und Verhaltensregeln des menschlichen Zusammenlebens beinhalten. Es geht – mit Habermas gesprochen – um einen gemeinsamen «Wissensvorrat», ohne den es in einer Gesellschaft keine Kommunikation und kein friedliches Zusammenleben geben kann. Vgl. Hannerz, 7, der die Komplexität der Kultur unter dem Oberbegriff von Bedeutung (Meaning) in drei Dimensionen sieht: 1. als Ideen und Denkweisen, die Menschen einer sozialen Einheit teilen, 2. als Formen, in denen diese Bedeutungen geäussert und zugänglich werden, und 3. unter dem Aspekt der sozialen Verteilung dieser Denkweisen und Äusserungsformen.

- Eine stabile und florierende *Wirtschaft* und ein *ausgeglichener Arbeitsmarkt*[14] sind von hoher sozialer Bedeutung. Die wirtschaftlichen Bedürfnisse und die wirtschaftliche Tragfähigkeit sind darum ein gewichtiges Kriterium für die Migrationspolitik, insbesondere für die Regulierung der Einwanderung, allerdings nicht das einzige.
- Der Aufbau oder Erhalt eines *sozialen Netzes* und im Zusammenhang damit des *sozialen Friedens* als Teil der Wohlfahrt eines (Sozial-) Staates ist ein weiteres wichtiges Anliegen unter dem Aspekt des Gemeinwohls und darum auch ein Kriterium der Migrationspolitik.[15]
- Es geht schliesslich unter dem Aspekt der Sozialverträglichkeit auch um den Bestand und das gute *Funktionieren des Staatswesens* und das *friedliche Miteinander von Staaten*.

### *2.2.3. Umweltverträglichkeit*

Ein drittes fundamentales sozialethisches Kriterium ist heute unbestrittenermassen der Schutz der nichtmenschlichen Umwelt, sei es um ihrer selbst willen (umstritten: Eigenwert) oder um der Erhaltung der Lebensgrundlage für die gegenwärtige und künftige Menschheit willen. Nun spielt die zunehmende Umweltzerstörung zweifellos eine immer grössere Rolle als eine der Ursachen der weltweiten Zwangsauswanderung. Auch können massive Migrationsbewegungen besonders in Quellnähe teilweise schwere Umweltbelastungen nach sich ziehen. Die Umweltverträglichkeit kann indessen für die *schweizerische Einwanderungs- und Ausländerpolitik* keine massgebliche Rolle spielen, weil hier keine so grossen «Einwanderungsströme» zu verkraften sind, dass dadurch das sogenannte ökologische Gleichgewicht ernsthaft gefährdet werden könnte. Wer in der Schweiz Angst hat vor Überfremdung oder Ausverkauf der Heimat, soll zur Begründung einer restriktiveren Einwanderungspolitik nicht den Umweltschutz beschwören, wie das bei kleineren Schweizer Rechtsparteien geschieht.[16]

[14] Siehe dazu etwa Braun/Topan; Golder.

[15] Vgl. dazu bes. Bommes/Halfmann (Hg.).

[16] Im politischen Programm der Schweizer Demokraten zur Legislaturperiode 1995–1999 wird gefordert, dass die aus ökologischen Gründen gefährliche Überbevölkerung der Schweiz, die eine Folge der Zuwanderung sei, auf ein umweltverträgliches Mass zurückgeführt werden müsse, was nach einer deutlichen Begrenzung der Einwanderung rufe.

Nüchtern betrachtet, beeinflusst starke Migration sowohl als Auswanderung wie als Einwanderung das Wohl der Wandernden, das Allgemeinwohl der Aus- und Einwanderungsländer und evtl. auch die Umwelt mehr oder weniger stark, und zwar positiv oder negativ, meistens beides.[17] Weil dies so ist, braucht es eine Migrationspolitik, welche die migrierenden Menschen sowie die Aus- und Einwanderungsländer schützt, indem die durch Migration erreichbaren Güter gesichert, auftretende Übel verhindert oder vermindert werden und indem für einen gerechten Ausgleich der realisierbaren Güter und der anfallenden Lasten gesorgt wird.

### *2.3. Sachgerechtigkeit contra gesinnungsethischen Fundamentalismus*

Wenn man die Migrationspolitik oder überhaupt politische, wirtschaftliche oder soziale Fragen aus einer sozialethischen Perspektive beurteilt, muss man sich auch der Probleme und Grenzen dieses Ansatzes bewusst sein. Es ist nicht möglich, allein aus ethischen Prämissen zwingend konkrete politische Programme abzuleiten, weil es bei jeder Konkretisierung einen ganzen Komplex von Zuständen, Abläufen und Gesetzmässigkeiten zu berücksichtigen gilt, die vorethischer Art sind. Die Folgen unseres individuellen wirtschaftlichen und politischen Entscheidens und Handelns decken sich bekanntlich nicht ohne weiteres mit unseren Zielsetzungen. Der gute Wille ist noch kein Garant für eine richtige Politik. Die Entscheidung für die Wahl der Mittel kann mit vielen Ermessensfragen verbunden sein. Von den gleichen Prinzipien ausgehend, gelangt man so unter Umständen zu unterschiedlichen konkreten Schlüssen. Es geht mit anderen Worten nicht nur um Prinzipientreue, es geht auch um Sachgerechtigkeit. Ethische Prinzipien müssen in der jeweiligen Realität mit ihren Möglichkeiten und Grenzen umgesetzt werden, sie müssen demographischen, geographischen, klimatischen, wirtschaftlichen, sozialen, politischen,

[17] Vgl. Treibel, 13: «Mit Migration ist nicht allein eine räumliche Bewegung, d.h. eine Ortsveränderung von Menschen gemeint. Wanderungen sind gravierende soziale Einschnitte 1. für die betroffenen Individuen, deren Orientierungen, Verhaltensweisen und sozialen Kontexte; 2. für die betroffenen Gruppen, zu denen der/die Wandernde a) gehört hat, b) aktuell gehört bzw. sich zugehörig fühlt, c) und auf die er/sie bei der Ankunft stösst; 3. für die aufnehmende und 4. für die abgebende Gesellschaft (bzw. deren soziale und ökonomische Strukturen).»

geschichtlichen und kulturellen Fakten und Gesetzmässigkeiten Rechnung tragen. Dies kompliziert die ethische Aufgabe der Güterabwägung.

Es geht mir in den nun folgenden kritischen ethischen Überlegungen zu verschiedenen Bereichen und Aufgaben der Migrationspolitik nicht darum, eine neue Vision einer besseren Welt zu schaffen, sondern eher um eine kritische Sichtung von migrationspolitischen Optionen und Modellen, die nicht neu zu sein brauchen. Vollständigkeit wird hier nicht angestrebt; dass es keine perfekten Lösungen geben kann, wurde schon betont.

## 3. Ethische Überlegungen zu einzelnen Bereichen und Aufgaben einer Migrationspolitik

### *3.1. Sachgerechte Wahrnehmung und Information*

*Sachgerechte Wahrnehmung*

Das erste ethische Gebot bei der Frage nach einer besseren Migrationspolitik ist die Frage, was denn eigentlich das politisch zu lösende Problem der internationalen Migration ist, worunter hier die zeitlich befristete oder dauernde Verschiebung des Wohnsitzes von einem Land in ein anderes Land verstanden wird.[18] Was sind die Ursachen und Motive der Auswanderung aus einem Land und der Einwanderung in ein anderes, wer sind die Wandernden, was bedeutet die Migration für die Wandernden persönlich, für die Gruppen, die sie verlassen, und für die Gruppen, auf die sie treffen, welche Wirkungen hat die Wanderung für das Auswanderungsland, welche für das Einwanderungsland? Das Problem ist, dass der gesellschaftliche und politische Dissens bereits hier beginnt, wo es doch scheinbar nur um sozialwissenschaftlich feststellbare Fakten geht. Dies hat damit zu tun, dass bei jeder Wahrnehmung von Problemen oder Chancen immer schon unterschiedliche Einstellungen, Erwartungshaltungen, Hoffnungen oder Ängste, also Wertungen eine Rolle spielen, die mit unserer *Weltanschauung* als Lebensauffassung oder Geschichtsdeutung, als Menschenbild oder Gesellschafts- und Staatsverständnis zu tun haben. Bei diesem *grundlegenden Wahrnehmungsproblem* stelle ich mich erkenntnistheoretisch auf einen Stand-

[18] Zur Klärung des Begriffs Migration siehe Treibel, 17ff.; zum Phänomen der transnationalen Migration vgl. Pries (Hg.).

punkt zwischen den Extremen von Objektivismus und Konstruktivismus, was einige Richtigstellungen hinsichtlich der Wahrnehmung der Migration im allgemeinen, des Fremden im besonderen erlaubt.

### 1. *Modernisierungsbedürftige Modernisierungstheorie*

Die Sozialwissenschaften, die seit über hundert Jahren auch Migrationsforschung betreiben[19], müssen seit einigen Jahren ihre optimistische und lineare Modernisierungstheorie korrigieren.[20] Es hat sich gezeigt, dass sich ethnische und nationalistische Ausgrenzungen sowie religiöse und kulturelle Konflikte mit der Modernisierung gerade nicht von selbst auflösen, sondern auch der Preis des Modernisierungsprozesses sind. Rassismus, Nationalismus, Fremdenfeindlichkeit und damit verbundene ethnische, kulturelle, religiöse und andere Konflikte sind überall latent am Werk und brechen da und dort auch heute noch wie Vulkane aus.[21] Die moderne sozialwissenschaftliche Erforschung des Fremden[22] hat aufgewiesen, dass die Betonung der ethnischen und kulturellen Differenz mit Abgrenzungen gegenüber allem Fremden besonders in sozialen und kulturellen Krisen- und Umbruchsituationen verstärkt auftritt. Eine solche haben wir seit einiger Zeit auch in der Schweiz.[23] Ausschlaggebend für Überfremdungsängste ist interessanterweise nicht einfach – wie gewöhnlich angenommen – die Zahl von Immigranten oder Ausländern in unserem Land, es sind meist auch nicht die schlechten persönlichen Erfahrungen von Einheimischen mit Ausländern und Ausländerinnen, entscheidend sind offenbar vielmehr Unsicherheit und Zukunftsangst bis hin zu einer kollektiven Iden-

[19] Siehe den Überblick über Geschichte und Stand der Migrationsforschung in der Soziologie bei Treibel.

[20] Vgl. H. Esser, Ethnische Konflikte und Integration, in: Robertson-Wensauer (Hg.), 31–61; Imhof/Gaetano.

[21] Vgl. Altermatt; Bader; Bielefeld (Hg.); Brieskorn; Coleman; Ethical Theory; Gorzini/Müller; Institut für Sozialforschung; Willigenburg u.a. (Hg.).

[22] Vgl. den kurzen Überblick zur Forschung über das Fremde besonders im deutschsprachigen Bereich bei Treibel, 105ff.; siehe auch Bielefeld (Hg.); Imhof; Lienkamp; Radtke (1); Schäfer/Schlöder.

[23] Darüber wird in Kürze eine Publikation zum Nationalfonds-Forschungsprojekt «Das Fremde in der Schweiz» des Soziologischen Instituts der Universität Zürich in Zusammenarbeit mit dem Institut für Sozialethik der Universitären Hochschule Luzern orientieren.

titätskrise.[24] Irrationalen Wahrnehmungen und Ängsten ist mit Informationen über Fakten bekanntlich nicht beizukommen. Dies erschwert natürlich angemessene politische Entscheidungen.

*2. Migration ist nicht nur ein Problem und nicht nur unser Problem*

Die internationale Wanderung wird allzu einseitig gesehen, wenn sie ausschliesslich in ihrer Negativität wahrgenommen wird, sei es international oder national, und zwar primär oder ausschliesslich als bedrohlicher Immigrationsdruck. Häufig bleibt ausgeblendet, dass heute die meisten Staaten, auch und gerade Industriestaaten inklusive der Schweiz, sowohl wirtschaftlich wie wissenschaftlich wie kulturell auf Immigration angewiesen sind. Dafür bloss ein banales Beispiel: Wer schiesst denn die Tore für die «Schweizer» Clubs im Fussball und Eishockey? Natürlich schafft eine unerwünschte Immigration Probleme, aber es ist doch eine fragwürdige Problemsicht, wenn der sogenannte Immigrationsdruck bei uns zum eigentlichen Problem wird, während die notvollen Ursachen der Zwangsmigration in den Herkunftsländern uns meist wenig kümmern oder gar nicht bekannt sind.

*3. Das Problem des als zu hoch empfundenen Ausländeranteils ist nicht primär ein Asylbewerberproblem*

Eines der gravierendsten, weil politisch folgenreichen Wahrnehmungsprobleme ist, dass die breite Öffentlichkeit das Zuwanderungs- und «Ausländerproblem» – hier verstanden als Erhöhung des als ohnehin schon zu hoch empfundenen Anteils der ständigen (!) ausländischen Bevölkerung – primär als Asylanten- oder Flüchtlingsproblem sieht, was nachweisbar ein Irrtum ist, und das selbst in Zeiten, in denen die Zahl der Flüchtlinge und Asylbewerber aufgrund besonderer Konflikte tatsächlich Rekordhöhen erreicht (etwa 1991 und 1998/99). Nur ein kleiner Teil der Zuwanderung bzw. der Erhöhung der ständigen ausländischen Bevölkerung erfolgt über das Flüchtlings- und Asylwesen, den Löwenanteil der ausländischen Bevölkerung machen

[24] Vgl. R. Gaetano, Mehr Fremde – mehr Fremdenangst? Bemerkungen zu einer gängigen Argumentation, in: Asylon 6 (November 1990) 2–7; K. Imhof und R. Gaetano, Migration und Minderheiten. Und besonders: Weshalb steigende Fremdenfeindlichkeit nichts mit steigenden Ausländerzahlen zu tun haben muss, in: unizürich, 26–30.

die aus wirtschaftspolitischen Gründen angeworbenen bzw. eingelassenen Ausländerinnen und Ausländer und der Familiennachzug als Konsequenz davon aus.

### *4. Problematischer Flüchtlingsbegriff*

Ein eigenes Problem ist die offiziell gültige Definition von Flüchtlingen[25], die nicht nur zu Recht von den quasi normalen Migranten im Bereich des legalen Arbeitsmarktes, sondern auch von Kriegs- oder Gewaltflüchtlingen unterschieden werden. Als Flüchtlinge im Sinn der Genfer Flüchtlingskonvention von 1951[26] gelten nur Personen, welche in ihrem Heimatstaat wegen ihrer Rasse, Religion, Nationalität, Zugehörigkeit zu einer bestimmten sozialen Gruppe oder wegen ihrer politischen Überzeugung ernsthaften Nachteilen ausgesetzt sind. Die geltende Interpretation legt dies so aus, dass es sich um eine individuelle Bedrohung seitens der Träger staatlicher Hoheitsbefugnisse handelt.[27] Diese völkerrechtliche Auseinanderdividierung von politisch verfolgten Flüchtlingen einerseits, Kriegs- oder Gewaltflüchtlingen anderseits[28], die zusammen zu sehen ist mit dem völkerrechtlichen Souveränitätsgrundsatz, «dass allein der einzelne Staat darüber entscheidet, wen er als Flüchtling anerkennen

25 Zur Definition des Flüchtlingsbegriffs und zur Rechtslage überhaupt vgl. Fuchs, 28ff.; Rethmann, 18ff.; Treibel, 159ff.

26 Abkommen über die Rechtsstellung der Flüchtlinge, Art. 1, A. 1): Der Ausdruck «Flüchtling» findet auf jede Person Anwendung, «die ... aus der begründeten Furcht vor Verfolgung wegen ihrer Rasse, Religion, Nationalität, Zugehörigkeit zu einer bestimmten sozialen Gruppe oder wegen ihrer politischen Überzeugung sich ausserhalb des Landes befindet, dessen Staatsangehörigkeit sie besitzt, und den Schutz dieses Landes nicht in Anspruch nehmen kann oder wegen dieser Befürchtungen nicht in Anspruch nehmen will, oder die sich als staatenlose infolge solcher Ereignisse ausserhalb des Landes befindet, in welchem sie ihren gewöhnlichen Aufenthalt hatte, und nicht dorthin zurückkehren kann oder wegen der erwähnten Befürchtungen nicht dorthin zurückkehren will.» – In den Artikeln 31 und 33 wird die ernsthafte Verfolgung als Bedrohung von Leben oder Freiheit präzisiert. Vgl. analog das Schweizer Asylgesetz vom 5. Oktober 1979 bzw. vom 26. Juni 1998 in Art. 3 Ziff. 1 und 2.

27 Vgl. Arbenz, 7.

28 Fuchs, 31f.: «Festzuhalten ist im Ergebnis, dass durch die Staatenpraxis und die damit verbundene Rechtsauslegung der GFK [Genfer Flüchtlingskonvention] es bis zum heutigen Zeitpunkt allgemein verweigert wird, Bürgerkriegsflüchtlinge, d.h. Menschen, die vor einer nichtinternationalen kriegerischen Auseinandersetzung geflohen sind, den Flüchtlingsstatus gemäss Art. 1 A der GFK zuzuerkennen.»

will»[29], führt zu jener zwar formaljuristisch korrekten, aber von der Bedrohungssituation her schwer verständlichen Ausgangslage für ein Asylverfahren, wie wir sie in einer Formulierung im Bericht Arbenz finden: «In neuester Zeit stammt ein immer grösser werdender Teil der Asylbewerber aus Bürgerkriegsgebieten. Diese gelten zwar nach ständiger Asylpraxis nicht direkt als politisch verfolgt und sind demnach in der Regel nicht als Flüchtlinge zu qualifizieren.»[30] Man übertrage dies im Frühjahr 1999 auf die Vertriebenen aus Kosovo! Die meisten von ihnen sind nach geltenden Rechtsregeln gar keine Flüchtlinge im erwähnten völkerrechtlichen Sinn, wiewohl sie der Vergewaltigung, der Misshandlung, der Beraubung, der Folter und sogar der Ermordung ausgesetzt waren. Ihnen wird normalerweise – falls sie keine individuelle ernsthafte Bedrohung nachweisen können – kein Asyl gewährt. Auch wenn leicht erklärbar ist, warum die internationale Staatenwelt nicht daran interessiert ist, den erwähnten völkerrechtlich geltenden Flüchtlingsbegriff zu erweitern, und auch wenn den jetzt sogenannten «Gewaltflüchtlingen» vorübergehende Aufnahme gewährt wird, so bleibt trotzdem wahr, dass von der Bedrohungsrealität her die doch sehr unterschiedliche Behandlung von Flüchtlingen fragwürdig ist.

Ein weiteres Problem des herkömmlichen Flüchtlingsbegriffs ist, dass die Gefährdungen an Leib, Leben und Freiheit abgesehen von den anerkannten «klassischen» Bedrohungen durch totalitäre, menschenverachtende Regime oder durch Krieg und Gewaltsituationen heute in manchen Ländern auch wirtschaftlicher und ökologischer Art sind; die Fluchtursachen und -motive vermischen und summieren sich. Eine wirtschaftlich oder armutsbedingte Migration («Wirtschaftsflüchtlinge») einerseits und Flucht im Gefolge von politischer Unterdrückung und kriegerischer Ereignisse anderseits können heute in sehr vielen Fällen nicht mehr säuberlich geschieden werden. Die Unterscheidung zwischen Schuldigen und Unschuldigen, die wir während des Ost-West-Konflikts bei Flüchtlingen aus kommunistischen Staaten so leicht und grosszügig anwenden konnten, ist schwierig geworden, wie gerade die jüngsten Flüchtlingsströme im ehemaligen Jugoslawien oder in Zentralafrika drastisch zeigen.

[29] Fuchs, 36, betont mit Recht, dass grundsätzlich nur souveräne Staaten, nicht aber Völker, Volksgruppen oder Einzelmenschen Völkerrechtssubjekte sind. Auch die Genfer Flüchtlingskonvention habe den erwähnten Souveränitätsgrundsatz nicht aufgehoben.

[30] Arbenz, 42.

Komplizierend kommt hinzu, dass Zwang und Freiheit keine absoluten Gegensätze sind, Flüchtlinge reagieren nicht nur, sie können auch unter Druck, Zwangs- oder gar Gewalteinwirkungen noch kalkulierend agieren.[31] Durch die neuen weltweiten Kommunikations- und Verkehrsmöglichkeiten ist die Wanderbewegung zudem sowohl globalisiert worden wie quantitativ erheblich angeschwollen.

Fazit: Es ist heute nicht mehr so einfach und häufig unmöglich, echte von unechten oder politisch verfolgte von «blossen» Gewaltflüchtlingen zu unterscheiden. Das gilt schon, wenn man den formaljuristisch geltenden Flüchtlingsbegriff anwendet, erst recht, wenn das Kriterium für die Echtheit erweitert wird. Dass es unechte Flüchtlinge und damit einen Asylmissbrauch gibt, ist damit nicht bestritten. Aber 90% der Asylbewerber schlicht als unechte Flüchtlinge und damit als Asylmissbraucher und im Falle der illegalen Einwanderung als Kriminelle zu bezeichnen, wie das in der gegenwärtigen politischen Debatte um die Asylpraxis geschieht, ist Demagogie und diskriminiert den Grossteil der Flüchtlinge als Asylbewerbende.

*Die Notwendigkeit einer besseren Informationspolitik*

Nimmt man die genannten Wahrnehmungsprobleme zur Kenntnis, ergibt sich von selbst, dass einerseits die staatliche Informationspolitik verbessert werden muss, weil fast nur die offizielle Information über Asylbewerbende in die Öffentlichkeit dringt; von der Arbeitsmigration hört man wenig. Aussagekräftige, transparente und einigermassen vollständige Statistiken und Berichte zur Ausländerthematik, die allgemeinverständlich sind und auch Relationen aufzeigen, haben Seltenheitswert. Anderseits müssen auch die Medien dringend an ihre Verantwortung erinnert werden, weil die Schlagzeilen über illegal einreisende Ausländer und Asylbewerber, über Ausländerkriminalität und über Probleme mit Asylbewerbern und Schutzsuchenden überhaupt absolut dominieren.

### *3.2. Die Asyl- und Flüchtlingspolitik als prioritäre Aufgabe*

Aus sozialethischer Sicht ist vorerst unabhängig von der Zahl der Schutzsuchenden und vorgängig zu den völkerrechtlichen und staatsrechtlichen humanitären Verpflichtungen zu sagen, dass ein Rechts-

[31] Vgl. zu dieser soziologischen Flüchtlingsforschung Treibel, 164ff.: «Die Entdeckung des Flüchtlings als Akteur».

staat moralisch verpflichtet ist, Menschen, die an Leib und Leben und in ihrer Freiheit ernstlich bedroht sind, auch wenn sie nicht politisch Verfolgte im herkömmlichen Sinn des Flüchtlingsbegriffs sind, Hilfe und soweit wie nötig und möglich auch Schutz zu gewähren. Dies gilt ethisch auch dann, wenn die Gewährung von Asyl[32] völkerrechtlich gesehen kein individuell einklagbares Recht, sondern ein Gnadenrecht souveräner Staaten ist.[33] Dem Schutz der wirklich ernsthaft bedrohten Flüchtlinge kommt ein grundsätzlicher Vorrang vor anderen migrationspolitischen Interessen des Aufnahmelandes zu, es sei denn, das Aufnahmeland, in das die Bedrohten fliehen, sei durch den Zulauf so überfordert, dass es den gesuchten Schutz gar nicht mehr leisten kann.[34]

Ist die grundsätzliche Hilfs- und Schutzpflicht sozialethisch einmal festgestellt, so ist damit aber noch nicht ausgemacht, wie denn die Hilfe oder der direkte Schutz erfolgen sollen. Dies gilt vor allem dann, wenn aufgrund einer gewaltträchtigen oder kriegerischen Bedrohungssituation entweder kurzfristig oder auch langfristig wahre Flüchtlingsströme entstehen, die in die Hunderttausende oder gar in die Millionen gehen. Hierzu kann sozialethisch nur Grundsätzliches gesagt werden:

[32] Zum Flüchtlings- und Asylrecht und zur Asylpraxis generell vgl. Beck Kadima/ Huot (Hg.); Fuchs; Gorzini/Müller (Hg.); Interdepartementale Strategiegruppe; Kirchenamt; Ockenfels (Hg.); Rethmann; Theler; Treibel; Tremmel.

[33] Dies gilt trotz der Formulierung in Art. 14 der Allgemeinen Menschenrechtserklärung von 1948: «Jeder Mensch hat das Recht, in andern Ländern vor Verfolgung Asyl zu suchen und zu geniessen», vgl. dazu Fuchs, 35ff.; Rethmann, 295ff.: «Die geschichtliche Entwicklung des Asylrechts vom Gnadenrecht zum Anspruchsrecht»; Tremmel, 51ff., 218ff., bes. 223ff.: «Das individuelle Menschenrecht auf Asyl als Explikation des Personenrechts». – Der rechtlich stärkste Schutz für Asylsuchende ist das sogenannte Rückschiebungsverbot (Non-Refoulement-Prinzip) der Genfer Flüchtlingskonvention Art. 33, 1.: «Keiner der vertragschliessenden Staaten wird einen Flüchtling auf irgendeine Weise über die Grenzen von Gebieten ausweisen oder zurückweisen, in denen sein Leben oder seine Freiheit wegen seiner Rasse, Religion, Staatsangehörigkeit, seiner Zugehörigkeit zu einer bestimmten sozialen Gruppe oder wegen seiner politischen Überzeugung bedroht sein würde», vgl. das neue Schweizer Asylgesetz vom 28. Juni 1998, Art. 5. Auch dieses Recht begründet aber nicht ein Recht auf Asylgewährung in einem bestimmten Staat.

[34] Dies dürfte nach der Eskalation des Kosovokonflikts im Frühjahr 1999 für die Länder Albanien, Mazedonien und den jugoslawischen Teilstaat Montenegro, nicht aber für die westeuropäischen Länder inklusive der Schweiz der Fall (gewesen) sein.

1. Wenn es möglich ist, dass den aufgrund schwerer Bedrohung aus ihrem Heimatstaat Geflüchteten in den angrenzenden Staaten sowohl Hilfe wie Schutz gewährt werden kann, sofern die wohlhabenderen und besser organisierten Länder sie dabei kräftig unterstützen – wozu sie ethisch im Rahmen des ihnen Möglichen verpflichtet sind –, so hat die Hilfe vor Ort in solchen Fällen tatsächlich Vorrang. Damit ist fürs erste allen Interessen wenigstens teilweise gedient: den Flüchtlingen, den Aufnahmestaaten und den sie unterstützenden Staaten.

2. Weil die Hilfe vor Ort das Problem meist nicht oder nicht ausreichend lösen kann, vor allem dann, wenn keine Aussicht auf eine rasche Rückkehr besteht, werden viele Flüchtlinge mit Sicherheit in die Industrieländer weiterwandern – mit oder ohne Schlepper. Dies ist trotz aller Abschottungsmassnahmen durch die EU und auch durch die Schweiz nicht zu verhindern. Die Tatsache, dass heute der Grossteil der Flüchtlinge bzw. Asylbewerbenden illegal in die westeuropäischen Staaten inklusive der Schweiz einreisen, ist auf die andere Tatsache zurückzuführen, dass es in Westeuropa auf legalem Wege je länger, je weniger Möglichkeiten gibt, überhaupt noch in ein Land hineinzukommen und einen Asylantrag zu stellen oder wenigstens vorübergehenden Schutz zu finden. Dass viele dieser Menschen keine oder keine genügenden Ausweispapiere haben, kann unterschiedliche Gründe haben – wie gerade der Kosovokonflikt gezeigt hat – und ist kein sicherer Beweis dafür, dass hier ein Asyl- oder Schutzmissbrauch vorliegt.

3. Aus sozialethischer Sicht ist zu fordern, dass diese Menschen, sofern sie um Asyl oder Schutz ersuchen, ernstlich daraufhin geprüft werden, ob sie tatsächlich in gravierender Weise bedroht sind. Dies gilt auch dann, wenn diese Menschen illegal eingereist sind und wenn sie keine oder ungenügende Ausweispapiere haben. Sofern dieser Grundsatz bei der Anwendung des geltenden Rechts gebührend berücksichtigt wird, können wir mit dem neuen Asylgesetz und sogar mit dem dringlichen Bundesbeschluss vom 26. Juni 1998 leben, wiewohl es hier für Flüchtlinge problematische Bestimmungen gibt.[35] Die Bekämpfung des – grundsätzlich nicht zu bestreitenden –

[35] Die Gefahr, dass Personen, die des Schutzes bedürfen, weggewiesen werden, weil sie aus einem sicheren Drittstaat kommen oder keine oder keine ausreichenden Papiere haben oder solche nicht innert einer Frist von 48 Stunden beibringen können, ist real gegeben: ein weiteres (menschenrechtliches) Pro-

Asylmissbrauchs darf nicht so dominant werden, dass sie auf Kosten echter Flüchtlinge geht.

4. Die Einführung der Gewährung vorübergehenden Schutzes an Gruppen für die Dauer einer schweren allgemeinen Gefährdung vor allem bei Kriegen oder in Situationen allgemeiner Gewalt (Asylgesetz 26. Juni 1998, Art. 4 und 66–79) ist zu begrüssen.

### *3.3. Die quantitative und qualitative Regulierung der Immigration*

Im Blick auf das erhebliche internationale Migrationspotential einerseits und auf die Interessen der Einwanderungsländer unter dem Aspekt der Sozialverträglichkeit oder Aufnahmekapazität anderseits ist die Regulierung nicht nur qualitativ als Auswahl, sondern auch quantitativ als Begrenzung sozialethisch grundsätzlich legitim. Hier müssten allerdings auch die Interessen der Auswanderungsländer mitberücksichtigt werden. Im Konflikt zwischen den Interessen der Einwanderungswilligen, der Herkunftsländer und der Einwanderungsländer wird man den Interessen der Einwanderungsländer zwar einen grundsätzlichen Vorrang einräumen müssen, was aber nicht heisst, dass die Interessen der Einwanderungswilligen oder der Herkunftsländer nicht auch angemessen zu berücksichtigen sind. Zur grundsätzlich legitimen quantitativen und qualitativen Regulierung der Migration, besonders der Einwanderung, sind zwei Präzisierungen anzubringen:

1. Die staatliche Immigrations-Begrenzungspolitik muss deutlich unterscheiden zwischen der arbeitsrechtlich dominierten Einwanderungspolitik einerseits und der Asyl- und Flüchtlingspolitik anderseits. Im Rahmen der eben angesprochenen Asyl- und Flüchtlingspolitik (3.2.) ist eine a priori vorgenommene zahlenmässige Beschränkung ethisch fragwürdig, gleichgültig, ob man am traditionellen Flüchtlingsbegriff festhält oder ob man den Flüchtlingsbegriff

blem ist die Einschränkung regulärer Verfahrensrechte für Asylbewerbende. – Die Einwände gegen beide Gesetzesvorlagen sind zur Abstimmung über das Referendum am 13. Juni 1999 vor allem von Hilfswerken (Flüchtlingshilfe, Caritas) und vom Rat des Schweizerischen Evangelischen Kirchenbundes und der Schweizer Bischofskonferenz erhoben worden. Vgl. auch Schweizerische Nationalkommission Justitia et Pax, Das Recht auf Asyl in Diskussion. Überlegungen zum Bundesbeschluss über dringliche Massnahmen im Asyl- und Ausländerbereich und zum Asylgesetz, Bern 1999 (J+P Text 2/99).

im weiteren Sinn versteht.[36] Eine Kontingentierung von Flüchtlingen ist dann vernünftig, wenn sie in internationaler Absprache erfolgt, so dass alle wirklichen Flüchtlinge irgendwo eine menschenwürdige Aufnahme finden können; sie kann eine tolerierbare einzelstaatliche Notmassnahme sein, wenn eine solche Absprache nicht möglich oder wenn das Resultat mangels internationaler Solidarität enttäuschend ist. Grundsätzlich hat ansonsten zu gelten, dass die Schwere der Not der Schutzsuchenden als Kriterium der Aufnahme von Flüchtlingen Vorrang haben muss vor dem möglicherweise gerechtfertigten Anliegen der Begrenzung der Zahl der Ausländer bzw. der Flüchtlinge im eigenen Land.

2. Die schweizerische Auswahl- und Begrenzungspolitik der Immigration orientierte sich abgesehen von der Asyl- und Flüchtlingspolitik bis anhin ausschliesslich am binnenwirtschaftlichen Bedarf sowie an der einfachen Handhabbarkeit der Immigrationsregulierung. Das seit 1991 geltende sogenannte Drei-Kreis-Modell[37] entsprach diesem Anforderungsprofil fast perfekt. Den Interessen des Arbeitsmarktes war Genüge getan, die Beschränkung der Rekrutierungsgebiete auf die EU/Efta sowie die USA und Kanada versprach pflegeleichtere Arbeitskräfte als jene, die zuvor in grosser Zahl aus der Türkei oder (dem ehemaligen) Jugoslawien geholt worden waren. Die Eidgenössische Expertenkommission Migration hat im August 1997 in ihrem Bericht «Ein neues Konzept der Migrationspolitik» nicht nur das umstrittene Drei-Kreis-Modell aufgegeben, sondern den bisher doch reichlich mageren und kurzsichtigen Kriterienkatalog für die Zulassungspolitik etwas erweitert. Künftig sollen neben rein wirtschaftlichen auch kulturelle und wissenschaftliche Bedürfnisse der Schweiz berücksichtigt und es soll auch auf die längerfristi-

[36] Eine die ganze Einwanderung erfassende, jährlich neu festzulegende *Einwanderungsquote* wäre nur dann akzeptabel, wenn die Höhe der Einwanderungsquote zuerst mit den Flüchtlingszahlen abgegolten würde. Politische Vorstösse, welche die Immigration durch die Festlegung einer starren Quote von Immigranten oder Ausländern strikt begrenzen wollen, sind auch wegen ihrer undifferenzierten Anwendung auf alle Immigranten bzw. Ausländer abzulehnen. Dies gilt für die 1994 eingereichte Volksinitiative «Für eine Regelung der Zuwanderung», welche die Ausländerquote auf maximal 18% der Wohnbevölkerung der Schweiz beschränken will, ebenso wie für die – nicht zustande gekommene – Initiative der Schweizer Demokraten «Masshalten bei der Einwanderung», nach der sich die Zahl der Einwandernden nach der Zahl der Auswandernden richten muss.

[37] Bericht des Bundesrates, Punkt 423.2, S. 16f.

gen beruflichen Integrationschancen der zugelassenen Immigranten geachtet werden. Diesen Erweiterungen des erwähnten Berichts ist zuzustimmen.

Aus sozialethischer Sicht wäre aber über den hier erreichten Fortschritt hinaus für eine Migrationspolitik anzumahnen, dass abgesehen von der Berücksichtigung von Interessen der EU – im Zuge der im Rahmen der bilateralen Abkommen vorgesehenen innereuropäischen Personen-Freizügigkeit – auch die Interessen der nichteuropäischen Länder, vor allem der Entwicklungsländer, wenigstens gesehen werden sollten. Wenn aus nichteuropäischen Staaten nur hochqualifizierte Arbeitskräfte mit der Chance einer längerfristigen beruflichen Integration in der Schweiz zugelassen werden sollen, so dient das den Interessen der Schweiz und der betroffenen Immigrantinnen und Immigranten, völlig übersehen wird dabei aber das Problem des sogenannten Brain-drain für weniger entwickelte Länder, die auf hochqualifizierte Arbeits- und Führungskräfte in allen Sparten dringend angewiesen sind.[38] In diesem Sinne sollten die Migrations- und Entwicklungspolitik der Industrieländer koordiniert werden: Begabte junge Menschen aus wenig entwickelten Ländern sollten die Möglichkeit erhalten, sich in der Schweiz auszubilden sowie beruflich oder wissenschaftlich weiterzubilden, und zwar auch durch Eingliederung in Unternehmen als Arbeitskräfte, dies aber gerade nicht mit dem Ziel der «längerfristigen beruflichen Integration» in der Schweiz, sondern mit dem Ziel der Rückkehr in das Herkunftsland. Was wir den Entwicklungsländern an Humankapital entziehen, müssen wir früher oder später durch Entwicklungsprojekte wieder wettzumachen versuchen.

### *3.4. Ausreisepolitik*

Zur Ausreisepolitik sei nur *eine* sozialethische Forderung erhoben: Damit die in der Schweiz nur *vorläufig aufgenommenen Asylbewerber* bzw. die nur *vorübergehend geschützten Flüchtlinge* nicht zu reinen Wartesaal-Menschen ohne Fahrplan degradiert werden, sollten flankierende Massnahmen eingeleitet werden, welche den Menschen helfen, ihre Rückkehr vorzubereiten. Bislang gab und gibt es diesbezüglich nur finanzielle Starthilfen als Anreiz zur freiwilligen Rückkehr. Anstelle von Aktivitäten zur Integration in die schweizerischen Strukturen

[38] Dazu Braun/Topan, 32ff.; zur Migration aus der Dritten Welt, deren Ursachen und Wirkungen vgl. Kälin/Moser (Hg.).

sollten neben Beschäftigungsprogrammen für die vorübergehend aufgenommenen Gruppen vom Bund in Zusammenarbeit mit den Kantonen, mit Hilfswerken, Unternehmen und Privaten spezifische *Rückkehrvorbereitungsprogramme* (Beratungen, Weiterbildung) geplant und durchgeführt werden, was zum Kostenausgleich eine Senkung der Rückkehrgelder rechtfertigen würde. Mittel dafür sind in Artikel 93 des neuen Asylgesetzes jedenfalls grundsätzlich zugesagt. Eine verstärkte Rückkehrhilfe ist eine neue, dringliche Aufgabe der Migrationspolitik, wobei im Schulbereich für vorläufig aufgenommene Kinder (befristete) Kompromisslösungen zwischen der Integrierung in normale Schulklassen und Sonderklassen für vorübergehend aufgenommene Schülerinnen und Schüler gefunden werden müssen.

### *3.5. Integrationspolitik*

Weil in der Schweiz – wie in anderen Ländern auch[39] – besonders nach dem Zweiten Weltkrieg die rein wirtschaftlich und darin nochmals konjunkturell dominierte Migrationspolitik jahrzehntelang nach dem sogenannten *Rotationsprinzip* betrieben wurde, das mit «Gastarbeitern» rechnete, die eher früher als später wieder in die Heimat zurückkehrten, um anderen «Gastarbeitern» Platz zu machen, wurde in den Zeiten der wirtschaftlichen Hochkonjunktur der faktischen Entwicklung nicht ausreichend Rechnung getragen, dass nämlich ein Grossteil der ausländischen Arbeitskräfte in der Schweiz blieb. Das *Anliegen der Integration wurde so nicht nur zu spät erkannt*, es hatte bis in die jüngste Zeit hinein *politisch wenig Gewicht*, und das nicht nur auf Bundesebene, wie die Eidgenössische Ausländerkommission (EKA) in ihrem Bericht vom Juni 1996 «Umrisse zu einem Integrationskonzept» mit Recht festgestellt hat, sondern auch auf Kantons- und meist auch auf Gemeindeebene.

Ich möchte nur kurz zum *grundsätzlichen Konzeptionenstreit* Stellung nehmen, der sich um die Begriffe Assimilation, Akkulturation, Integration und Multikulturalismus dreht.[40] Leider ist keiner dieser Be-

[39] Für Deutschland vgl. Sassen, 69ff.; Treibel, 55ff.; 115ff.; für die Schweiz vgl. Wimmer, 211ff.

[40] Zur genannten Debatte siehe Baum; Bottländer; Brieskorn; Budzinski; Cohn-Bendit/Schmid; Ebeling; Ethical Theory; Finkielkraut; Fischer (Hg.); Geier u.a. (Hg.); Geissler (Hg.); Gorzini/Müller (Hg.); Hoffmann-Novotny; Huber; Kalb u.a. (Hg.); Kessler/Wertheimer (Hg.); Klehr (Hg.); Leggewie (Hg.); Lesch; Mensen (Hg.); Ostendorf (Hg.); Prengel; Radtke; Robertson-Wensauer (Hg.); Ruhloff; Taylor; Treibel; Türk; unizürich; Walzer; Warmers.

griffe eindeutig, je nach Definition können die dahinter stehenden Konzeptionen des Zusammenlebens verschiedener Ethnien oder Kulturen im selben Staat im Widerspruch zueinander stehen oder sich als unterschiedliche Sichtweisen des Zusammenlebens gegenseitig ergänzen. Der Integrationsbegriff, wie ich ihn verstehe, setzt sich einerseits ab von einer einseitig und radikal verstandenen Erwartung oder gar Forderung der *Assimilation*[41], insofern als damit die mehr oder weniger vollständige Anpassung der ausländischen an die einheimische Bevölkerung bis hin zur völligen Aufgabe der Herkunftskultur gemeint ist. Integration steht anderseits im Widerspruch zur visionären Konzeption des *Multikulturalismus*[42], welche nicht nur auf

[41] Zur Geschichte und zum Wandel des Assimilationskonzepts in der soziologischen Einwanderungsforschung siehe Treibel, 83ff.: Die Chicagoer Schule ging von einer notwendigen, weil mit der Zeit unumgänglichen vollständigen Anpassung der Zugewanderten an die Einheimischen aus. Die Erwartungen haben sich bekanntlich nicht erfüllt. Das soziologische Assimilationskonzept ist mittlerweile sehr differenziert geworden, geht aber nach wie vor von der einseitigen Angleichung der Zuwanderer an die Aufnahmegesellschaft aus (140), allerdings nicht mehr im Sinne der ursprünglichen Erwartung und Forderung einer vollständigen (identifikativen) Angleichung (112). – Die Erwartung und Forderung der möglichst vollständigen Anpassung der Zugewanderten an die Denk- und Lebensgewohnheiten der Einwanderungsgesellschaft ist heute eher als Einstellung weiter Kreise der einheimischen Bevölkerung eine aktuelle Position. Die Forderung nach Integration ist aus dieser Perspektive identisch mit der Forderung nach Anpassung «der Ausländer».

[42] Von den Einwandernden wird nur gefordert, dass sie die Verfassung voll respektieren. Gemeint sind damit «einzig die liberalen Verfassungsprinzipien des demokratischen Staates, unter denen verschiedenste kulturelle Lebensformen gleichberechtigt koexistieren können», wie sich P. A. Schmid mit J. Habermas gegen M. Walzer ausdrückt. Integration darf es als Forderung der Einwanderungsgesellschaft an die Immigrierenden nur im Sinne einer Akkulturation «im Feld der politischen Kultur», nicht aber als Assimilation «hinsichtlich der kulturellen Lebensform» geben, P. A. Schmid, 80, 85f. – Laut Treibel, 64, wurde der Begriff der Multikulturalität 1964 erstmals in Kanada von einem aus der Ukraine stammenden Senator zur Absetzung vom amerikanischen Konzept des «melting pot» (Schmelztiegel) in die politische Diskussion eingebracht («multikulturelles Kanada»). Zur amerikanischen Debatte, die besonders im Bereich der Pädagogik hohe Wellen warf, siehe Ostendorf (Hg.). Im deutschsprachigen Raum wurde der Begriff der multikulturellen Gesellschaft nach Rethmann, 324, in den 70er Jahren im Rahmen des Ausländerreferats der Evangelischen Kirche in Deutschland als neuer Ansatz kirchlicher Asylarbeit eingeführt. Nach teilweise heftigen Diskussionen über Idealität und Problematik einer multikulturellen Gesellschaft, auch im Blick auf die ernüchternde Bilanz US-amerikanischer Erfahrungen, vgl. Ostendorf (Hg.), kommt die Vision oder auch Ideologie

der Gleichwertigkeit, sondern auch auf der Gleichberechtigung aller Kulturen im modernen, pluralistischen Staate besteht. Die verschiedenen Kulturen – und seien sie noch so sehr als fremd empfunden – werden nicht als Problem, sondern nur als Bereicherung gesehen und sollen darum gerade in ihrer Unterschiedlichkeit bestehen bleiben. Nicht die Minderung oder gar Aufhebung, sondern gerade die erhaltende Pflege der Differenz wird im Gegensatz zum Assimilationskonzept zum Gebot erhoben. Das Integrationskonzept lehnt die beiden Extremverständnisse von Assimilation und Multikulturalismus ab, versucht aber die unverzichtbaren Anliegen beider Konzeptionen in sich aufzunehmen.

- *Integration* meint als *struktureller Prozess* das Zusammengehen von ausländischen und einheimischen Bevölkerungsgruppen vorerst innerhalb des strukturellen Rahmens, den die staatliche Ordnung vorgibt. Abgesehen davon, dass alle Bewohnerinnen und Bewohner des Landes an die Einhaltung der Verfassung und Gesetze gebunden sind und darin ihre Rechte und Pflichten wahrnehmen können und sollen, geht es vor allem um die Möglichkeit, dass Immigranten und Immigrantinnen teilhaben können am Schul- und Ausbildungssystem, am Arbeitsleben, am Gesundheitswesen, an den sozialen Sicherungssystemen. In diesem Bereich muss Chancengleichheit zuerst gelten.
- Damit das alltägliche Zusammenleben wirklich zu einem friedlichen Zusammenleben wird und nicht ein beziehungsloses Nebeneinanderherleben bleibt oder gar ein Leben in ethnisch getrennten Wohngebieten und Lebensbereichen, in denen sich häufig gesellschaftliche Unterschichtungen zeigen, die mit der ethnischen oder kulturellen Verschiedenheit der betroffenen Gruppen wenig oder

des Multikulturalismus mittlerweile stärker realpolitisch geerdet daher, die Konflikte werden mehr als am Anfang zur Kenntnis genommen und reflektiert, vgl. zu jüngeren Konzeptionen des Multikulturalismus Cohn-Bendit/Schmid; Budzinski; Geier u.a. (Hg.); Geissler (Hg.); Leggewie (Hg.); Ruhloff; Schmid und Th. Schmid, Die multikulturelle Gesellschaft als Chance und Zumutung, in: Fischer (Hg.), 121–137. – Grosse Bedeutung hat das berechtigte Anliegen des friedlichen Miteinanders von verschiedenen Kulturen durch Toleranz und gegenseitiges Lernen und Aufeinanderzugehen im Bereich der Pädagogik. Das geläuterte, vor allem pädagogische Multikulturalismuskonzept kommt heute öfter unter dem Stichwort «Interkulturalität» für den schulischen («interkulturelles Lernen») oder praktisch-gesellschaftlichen Bereich zur Sprache, vgl. Gorzini/Müller (Hg.); Lesch; Micksch; Prengel; Robertson-Wensauer (Hg.).

nichts zu tun haben[43], braucht es einen *sozialen* Integrationsprozess, d.h. die Immigrierten müssen Eingang finden in die gesellschaftlichen Kreise und Gruppen der einheimischen Bevölkerung und hier engere persönliche («informelle») Kontakte über das Arbeitsleben hinaus knüpfen können. Das scheint eine der grössten Hürden der Integration zu sein.[44]

- Je nach dem Verwirklichungsgrad der strukturellen und sozialen Integration wird es auch zu einer mehr oder weniger starken *kulturellen* Integration, also einer gewissen Angleichung an die im Aufnahmeland vorherrschenden Lebensgewohnheiten und Orientierungsmuster und deren verschienartigste Ausdrucksformen kommen müssen. Ein (völliges) Aufgeben der ethnisch-kulturellen Herkunftsidentität ist damit weder zu erwarten noch gar zu fordern, ihre vollkommene Erhaltung aber erst recht nicht. Migration und Integration gehen auf jeden Fall auf Kosten der Herkunftsidentität, was selbst dann gilt, wenn die Immigrierten sowohl im Blick auf Wohnort wie auf Lebensgewohnheiten ihr Eigenleben leben und ihre Herkunftskultur sehr dezidiert zu leben versuchen. Sie leben dann im bewussten, nicht selten reaktiv-überspitzten Kultivieren der Herkunftskultur gerade nicht mehr die Identität und Kultur, wie sie im Herkunftsland gelebt wird und nur dort gelebt werden kann.
- Langfristig ist die *politische* Integration der Immigrierten anzustreben, damit diese auch in den politischen Entscheidungen mitreden und mitentscheiden können. Auch wenn man die Einbürgerung nicht als Garant für eine perfekte Integration sieht[45], ist in der Schweiz eine

[43] In der gesellschaftlichen Wahrnehmung und der politischen Diskussion werden allzuviele Phänomene, besonders Probleme wie das der geringen schulischen oder beruflichen Qualifikation, der Arbeitslosigkeit, der Abhängigkeit von staatlichen Sozialleistungen, der Gewaltbereitschaft oder der Kriminalität allzu vereinfachend bestimmten Ethnien oder Kulturen oder unerträglich verallgemeinernd sogar «den Ausländern» zugeschrieben, wie etwa das Stichwort «Ausländerkriminalität» zeigt. Vgl. zur Bedeutung der ethnischen Herkunft und zum Phänomen der Unterschichtung Treibel, 175ff.

[44] Vgl. die Zusammenfassung der Forschungsgeschichte des Assimilationskonzepts in der Soziologie Treibel, 109f.

[45] Nassehi/Schroer warnen vor Überschätzung der Einbürgerung durch die Protagonisten einer liberalisierten Einbürgerungspraxis, betonen aber gegen die Gegner einer Liberalisierung auch den Wert der Einbürgerung: «Unterschätzt wird dabei erstens die symbolisch-politische Bedeutung der Staatsangehörigkeit als Stimulation von membership, von Kollektividentität, zweitens der Rechtssicherheit, die ein politisch nicht revidierbares Residenzrecht beinhaltet, das

grosszügigere *Einbürgerungspraxis* vor allem für die zweite und erst recht die dritte Generation der Zugewanderten unbedingt nötig. Die hohe Ausländerquote in der Schweiz hat wesentlich mit der europäisch gesehen extrem restriktiven Schweizer Einbürgerungspraxis zu tun. «Knapp die Hälfte der ausländischen Wohnbevölkerung ist seit mehr als zehn Jahren in der Schweiz ansässig.»[46] Der Einbürgerung vorausgehen könnte die inchoative Gewährung von Stimm- und Wahlrechten zuerst in Teilbereichen oder ganz auf kommunaler (Kirchgemeinde, Schule, politische Gemeinde) oder kantonaler Ebene. Einschlägige Erfahrungen mit solchen kommunalen und kantonalen politischen Integrationsmassnahmen besonders in einigen westschweizerischen Kantonen zeigen, dass von solchen Massnahmen keine Umsturzgefahren ausgehen, die herkömmlichen Machtstrukturen, z.B. die Parteistärken, bleiben offensichtlich die gleichen.

Fazit: Das Integrationskonzept geht davon aus, dass so verstandene Integration *langfristig allen dient – den Immigrierten und den Einheimischen.* Dabei meint das Ziel einer integrierten Gesellschaft keine harmonische Einheit in Vielheit und Vielfalt: Die pluralistische, multiethnische und faktisch multikulturelle Gesellschaft wird eine *konflikthafte Gesellschaft* bleiben, in der aber Konflikte ohne Unterdrückung von Minderheiten und ohne Gewalttätigkeit im Verhalten der verschiedenen Gruppen zueinander ausgetragen werden.

Es ist klar, dass eine so umfassend verstandene Integration als langfristiger Prozess und als Prozessziel nicht nur eine starke Anpassung der zugewanderten Bevölkerungsschichten an die vorgegebene Welt der Einheimischen verlangt, sondern auch den Willen und entsprechende Taten der einheimischen Bevölkerung fordert, damit sich die Zugewanderten tatsächlich integrieren können. Die Einheimischen müssen den Zugewanderten sowohl ihre Strukturen zur Verfügung stellen wie ihre Kreise öffnen, sie müssen vor allem der *ständigen* ausländischen Bevölkerung die Möglichkeit der Mitsprache und Mitentscheidung nicht nur im Arbeitsbereich, sondern auch gesellschaftlich und politisch geben wollen, sonst ist die angestrebte Integration nicht möglich. Insofern ist *Assimilation* im Sinne des Aufeinanderzugehens

allein aufgrund von Staatsangehörigkeit gilt. Die Überschätzung der Anhänger einer Liberalisierung dagegen liegt darin, dass von diesem Mechanismus einer politischen und rechtlichen Inklusion mehr erwartet wird, als solche Partialinklusionen vermögen» (109f.). – Vgl. zur Sache auch Habermas; Lesch (3).

[46] Expertenkommission Migration, 43.

von beiden Seiten her nötig, auch wenn die Immigrierenden hier naturgemäss stärker gefordert sind. Es ist ein leidiges Problem, dass die ortsansässige Bevölkerung von Zugewanderten – auch von Asylbewerbern und Gewaltflüchtlingen, erst recht von Saisonniers und Kurzaufenthaltern – ein völlig angepasstes («integriertes») Verhalten erwartet, dass aber gleichzeitig die Integration jedenfalls der genannten Migrantengruppen oder Angehöriger gewisser Ethnien und Staaten («Jugos» ...) überhaupt nicht gewünscht, ja abgelehnt wird – immer wieder greifbar bei Ablehnungen von Einbürgerungsgesuchen, wiewohl die gesetzlichen Bedingungen erfüllt wären –, was die betroffenen Zugewanderten, vor allem solche, die bleiben möchten und auch bleiben können, in eine schwierige Lage bringt.

Was das *multikulturalistische Anliegen* betrifft, so ist die Multikulturalität – verstanden als Nebeneinander- oder Miteinanderleben von verschiedenen Ethnien und Kulturen inklusive verschiedener Religionen – heute schlicht ein Faktum, das uns ethisch herausfordert, mindestens tolerant[47] zu sein und darüber hinaus Verständnis für andere Lebenseinstellungen und Lebensarten aufzubringen und noch besser von andern Kulturen auch noch etwas zu lernen. Pädagogisch schlägt sich das heute im Begriff der *Interkulturalität* nieder, worin die doch etwas blauäugige Vision des Multikulturalismus einer erstrebenswerten lebbaren Realität näher gerückt wird.

Ich verzichte darauf, die einzelnen Aufgabenfelder einer Integrationspolitik[48] hier weiter zu entfalten, ich möchte bloss noch darauf hinweisen, dass die hier bloss kurz skizzierte Mammutaufgabe durch eine weitsichtige Migrationspolitik bewusst in Angriff genommen werden muss, was bislang kaum geschehen ist, wahrscheinlich auch darum, weil eine so verstandene Integrationspolitik bei den Stimmbürgerinnen und Stimmbürgern auf viel Widerstand stösst.

### *3.6. Bekämpfung der Ursachen von Zwangsemigration*

Soweit eine moderne Migrationspolitik das Ziel des Abbaus des Immigrationsdruckes verfolgt, ist heute von links bis rechts unbestritten, dass die Ursachen der Zwangsmigration bzw. die Fluchtursachen in den Herkunftsländern bekämpft werden müssen. Das Problem ist, dass das, was heute geschieht, meist keine Ursachen-, sondern eine

[47] Vgl. Hilpert/Werbick (Hg.).
[48] Siehe dazu für die Schweiz Caritas Schweiz; Eidgenössische Ausländerkommission; Stolz.

Symptombekämpfung vor Ort ist, wie jetzt im Falle des Kosovokonflikts, wobei im Vordergrund meist gar nicht die Bekämpfung der eigentlichen Ursachen der Zwangsmigraton bzw. der Flucht steht, sondern die Fernhaltung des «Flüchtlingsstroms» vom eigenen Staat oder von der eigenen Region.[49] Die Bekämpfung der Ursachen der Zwangsmigration ist eine schwierige und auch aufwendige politische Aufgabe, denn die Ursachen der Zwangsmigration sind Armut, Missachtung der Menschenrechte, politische Instabilität, kriegerische Konflikte und je länger, je mehr auch Umweltzerstörung (Klimawandel?). Es geht also nicht bloss um eine Förderung der wirtschaftlichen Entwicklung, sondern ebenso um Anstrengungen zur Durchsetzung der Menschenrechte, um Demokratisierung und um Hilfen zur Verhinderung oder Eindämmung von Konflikten, die gewalttätig oder kriegerisch ausgetragen werden. Dies ist zugegebenermassen eine gigantische Aufgabe, die uns wohl noch für lange Zeit überfordern wird, zumal wir die Probleme nicht einfach von aussen lösen können. Aber wir können einen *Beitrag* zur Lösung der Probleme leisten, und dazu sind wir ethisch verpflichtet.

### *3.7. Internationale Zusammenarbeit*

Schon die Regelung der Arbeitsmigration inklusive Sozialversicherungsabkommen mit andern Staaten, erst recht die Bewältigung des Asyl- und Flüchtlingswesens innerhalb unserer Landesgrenzen und noch mehr der Versuch, die Ursachen der Zwangsmigration vor Ort zu bekämpfen, erzwingt geradezu eine internationale Kooperation[50], und das im Interesse aller. Sollen dabei aber nicht nur einzelstaatliche Interessen durchgesetzt werden, z.B. die Abwehr von Flüchtlingen, sollen vielmehr die Interessen sowohl der Aufnahme- wie der Herkunftsländer der Migrierenden berücksichtigt werden, so dass sowohl Chancen wie Lasten der Migration gerechter verteilt werden können, so ist das nur auf dem Boden internationaler Solidarität und Fairness zu verwirklichen. Realistischerweise wird die Schweiz diese Aufgabe zuerst im *europäischen* Raum der EU und der Efta anpacken, wobei die Schweiz wegen ihrer Nichtmitgliedschaft in der EU hier einen schweren Stand hat. Im Prinzip rufen alle bisher genannten

[49] Vgl. R. Dehdashti, Frühwarnsysteme gegen Fluchtbewegungen. Mittel zur Bewältigung von Fluchtursachen oder Instrumente der Abschottung?, in: Fischer (Hg.), 211–245.

[50] Vgl. Braun/Topan, 49ff.; J. Müller (2); Sassen.

Aufgabenbereiche der Migrationspolitik nach einer europäischen Koordination. Im Vordergrund steht heute neben der Personenfreizügigkeit im Rahmen des europäischen Wirtschaftsraumes die Asyl- und Flüchtlingspolitik. Soll aber die europäische Koordination nicht einfach auf eine nach aussen abgeschottete «Festung Europa» hinauslaufen[51], ist eine *weltweite* Koordination nötig, insbesondere im Sinne einer gerechteren Verteilung der Lasten, was die Aufnahme von Gewaltflüchtlingen betrifft, und im Sinne einer gezielteren Koordination der Anstrengungen zur Bekämpfung der Ursachen der Zwangsmigration. Dies wird in Zusammenarbeit mit den Auswanderungsländern geschehen müssen, auch durch Vermittlung der OSZE und besonders der UNO sowie mittels weiterer weltweiter Institutionen wie Weltbank oder Währungsfonds oder WTO, wobei die Zusammenarbeit mit Nichtregierungsorganisationen (Hilfswerke, AJ) nicht vernachlässigt werden sollte.

Spätestens hier wird deutlich, dass die schweizerische Migrationspolitik aufs engste mit unserer sowohl wirtschaftlichen wie politischen Relation zur EU und zur grossen weiten Welt mitsamt den internationalen Institutionen und Organisationen zu tun hat. Gerade die migrationspolitischen Aufgaben im Gefolge des Kosovokonflikts zeigen erneut, dass auch die Migrationspolitik nach einer Überprüfung unseres Verhältnisses zur EU und zur UNO und sogar zur NATO und damit auch der schweizerischen Neutralitätskonzeption ruft.

[51] Vgl. zur EU-Migrations-, bes. Flüchtlingspolitik C. Roth und P. Hanf, Restriktiv – effektiv – undemokratisch. Freizügigkeit, Asyl und Einwanderung im neuen EU-Vertrag, in: Fischer (Hg.), 201–210; Sassen; Treibel, 68ff.; Weidenfeld.

## *Literatur*


*Altermatt*: U. Altermatt, Das Fanal von Sarajevo. Ethnonationalismus in Europa, Paderborn u.a. 1996.

*Anzenbacher*: A. Anzenbacher, Christliche Sozialethik. Einführung und Prinzipien, Paderborn 1997.

*Arbenz*: P. Arbenz, Bericht über eine schweizerische Migrationspolitik, Bern Mai 1995.

*Bader*: V.-M. Bader, Rassismus, Ethnizität, Bürgerschaft. Soziologische und philosophische Überlegungen, Münster 1995.

*Barry/Goodin (Hg.)*: B. Barry und R. E. Goodin (Hg.), Free Movement. Ethical issues in the transnational migration of people and of money, New York u.a. 1992.

*Baum*: G. Baum, Inkulturation und multikulturelle Gesellschaft. Zwei Fragezeichen, in: Concilium 30/1 (1994) 69–73.

*Beck Kadima/Huot (Hg.)*: M. Beck Kadima und J. C. Huot (Hg.), Kirche und Asyl. Legitimer Widerstand im Rechtsstaat?, Zürich 1996.

*Bielefeld (Hg. )*: U. Bielefeld (Hg.), Das Eigene und das Fremde. Neuer Rassismus in der Alten Welt?, Hamburg 1991.

*Bommes/Halfmann (Hg.)*: M. Bommes und J. Halfmann (Hg.), Migration in nationalen Wohlfahrtsstaaten, Osnabrück 1998 (Theoretische und vergleichende Untersuchungen der Universität Osnabrück, Bd. 6).

*Bottländer*: J. Bottländer, Multikulturelle Gesellschaft zwischen Anspruch und sozialer Wirklichkeit, Karlsruhe 1993.

*Braun/Topan*: G. Braun und A. Topan, Internationale Migration. Ihre Folgen für die Ursprungsländer und Ansätze eines Migrationsregimes, Sankt Augustin 1998.

*Brieskorn*: N. Brieskorn, Nationalismus und Multikulturalismus, in: Stimmen der Zeit 211/10 (1993) 651–662.

*Brieskorn (Hg.)*: N. Brieskorn (Hg.), Globale Solidarität. Die verschiedenen Kulturen und die eine Welt, Stuttgart 1997.

*Budzinski*: M. Budzinski, Die multikulturelle Realität. Mehrheitsherrschaft und Minderheitenrechte, Göttingen 1999.

*Bühler*: P. Bühler, L'accueil de l'autre, défi de l'éthique politique. A partir d'exemples liés à la politique d'asile, in: Holzhey/Schaber (Hg.), 59–74.

*Bundesamt*: Bundesamt für Industrie, Gewerbe und Arbeit/Bundesamt für Ausländerfragen, Bericht über Konzeption und Prioritäten der schweizerischen Ausländerpolitik der neunziger Jahre, Bern April 1991.

*Caritas Schweiz*: Integration heisst Partizipation. Ein Positionspapier der Caritas Schweiz zur Integration von Zugewanderten, Luzern 1998.

*Caritas Schweiz/Schweizerische Nationalkommission Justitia et Pax (Hg.)*: Caritas Schweiz/ Schweizerische Nationalkommission Justitia et Pax (Hg.), Grenzen überschreiten. Internationale Migration als Herausforderung, Bern 1994.

*Christlichdemokratische Volkspartei*: Christlichdemokratische Volkspartei, Auf dem Weg zu einer Migrationspolitik der Schweiz, Bern 1995.

*Cohn-Bendit/Schmid*: D. Cohn-Bendit und Th. Schmid, Heimat Babylon. Das Wagnis der multikulturellen Demokratie, Hamburg 1992.

*Coleman*: J. Coleman, Discipleship and Citizenship. From Consensus to Culture Wars, in: Louvain Studies 17 (1992) 333–350.

*Concilium*: Concilium 29/4 (1993) 275–374: Menschen auf der Flucht.

*Dummet*: A. Dummet, The transnational migration of people seen from within a natural law tradition, in: Barry/Goodin (Hg.),169–180.
*Ebeling*: H. Ebeling, Der multikulturelle Traum. Von der Subversion des Rechts und der Moral, Hamburg 1994.
*Eidgenössische Ausländerkommission*: Eidgenössische Ausländerkommission (EKA), Umrisse zu einem Integrationskonzept, Bern Juni 1996.
*Ethical Theory*: Ethical Theory and Moral Practice 1/2 (1998) 141–289: Nationalism, Multiculturalism and Liberal Democracy.
*Expertenkommission Migration*: Ein neues Konzept der Migrationspolitik. Bericht der Expertenkommission Migration im Auftrag des Bundesrates, Bern August 1997.
*Finkielkraut*: A. Finkielkraut, Die Niederlage des Denkens, Reinbek bei Hamburg 1989.
*Fischer (Hg.)*: M. Fischer (Hg.), Fluchtpunkt Europa. Migration und Multikultur, Frankfurt a. M. 1998.
*Fuchs*: St. P. Fuchs, Handlungsspielräume einer Flüchtlingspolitik zwischen völkerrechtlichen Rahmenbedingungen, staatlichen Prioritäten und kommunalen Interessen. Rechtliche, politische und humanitäre Aspekte der Aufnahme von bosnischen Bürgerkriegsflüchtlingen in München 1992–1997, Frankfurt a. M. 1999.
*Furger*: F. Furger, Christliche Sozialethik. Grundlagen und Zielsetzungen, Stuttgart u.a. 1991.
*Furger (Hg.)*: F. Furger (Hg.), Jahrbuch für Christliche Sozialwissenschaften Bd. 35, Münster 1994 (Schwerpunktthema: Internationale Migration).
*Geier u.a. (Hg.)*: J. Geier u.a. (Hg.), Auf dem Weg in die multikulturelle Gesellschaft, Marburg 1991.
*Geissler (Hg.)*: H. Geissler, Ausländer in Deutschland – für eine gemeinsame Zukunft, 2 Bände, München/Wien 1982–83.
*Golder*: St. M. Golder, Migration und Arbeitsmarkt. Eine empirische Analyse der Performance von Ausländern in der Schweiz, Frankfurt a. M. u.a. 1999.
*Gorzini/Müller (Hg.)*: M.J. Gorzini und H. Müller (Hg.), Handbuch zur interkulturellen Arbeit. Mit Beiträgen zu den Themen: Flucht und Asyl, Einwanderung und Arbeitsmigration, multikulturelle Gesellschaft, Rassismus, Ausländerstudium und Bildung, WUS Gewerkschaft für Erziehung und Wissenschaft, Institut für Sozialforschung, Mainz/Wiesbaden 1993.
*Grüne Position*: Grüne Position zur Migrationspolitik, Bern 1996.
*Habermas*: J. Habermas, Der europäische Nationalstaat. Zu Vergangenheit und Zukunft von Souveränität und Staatsbürgerschaft, in: ders., Die Einbeziehung des Anderen. Studien zur politischen Theorie, Frankfurt a. M. 1996, 128–153.
*Hannerz*: U. Hannerz, Cultural Complexity. Studies in the Social Organization of Meaning, New York 1992.
*Hilpert/Werbick (Hg.)*: K. Hilpert und J. Werbick (Hg.), Mit den Anderen leben. Wege zur Toleranz, Düsseldorf 1995.
*Hoffmann-Nowotny*: H. J. Hoffmann-Nowotny, Weltmigration und multikulturelle Gesellschaft. Begriffliche, theoretische und praktische Überlegungen, in: Robertson-Wensauer (Hg.), 62–78.
*Holzhey/Schaber (Hg.)*: H. Holzhey und P. Schaber (Hg.), Ethik in der Schweiz. Ethique en Suisse, Zürich 1996.

*Huber*: W. Huber, Viele Kulturen – eine Gesellschaft. Multikulturalität in europäischer Perspektive, in: Zeitschrift für Evangelische Ethik 36/2 (1992) 111–124.

*Imhof*: K. Imhof, Zur Semantik des Fremden, in: H. Halter, H.-U. Kneubühler und H. Münk (Hg.), Schweiz und Europa – Mehr als ein Wirtschaftsraum, Zürich 1992, 27–43.

*Imhof/Gaetano*: K. Imhof und R. Gaetano, Die Diskontinuität der Moderne. Zur Theorie des sozialen Wandels, Frankfurt a. M./New York 1996 (Theorie und Gesellschaft, Bd. 36).

*Institut für Sozialforschung (Hg.)*: Institut für Sozialforschung (Hg.), Aspekte der Fremdenfeindlichkeit, Frankfurt 1992.

*Interdepartementale Strategiegruppe*: Interdepartementale Strategiegruppe EJPD/EDA/EVD, Strategie für eine Flüchtlings- und Asylpolitik der 90er Jahre, Bern Januar 1989.

*Kalb u.a. (Hg.)*: P. E. Kalb u.a. (Hg.), Leben und Lernen in der multikulturellen Gesellschaft, Weinheim/Basel 1993.

*Kälin/Moser (Hg.)*: W. Kälin und R. Moser (Hg.), Migrationen aus der Dritten Welt. Ursachen – Wirkungen – Handlungsmöglichkeiten, 3. Aufl., Bern 1993.

*Karrer u.a.*: Chr. Karrer, R. Turtschi und M. Le Breton Baumgartner, Entschieden im Abseits. Frauen in der Migration, Zürich 1996.

*Kerber*: W. Kerber, Sozialethik, Stuttgart u.a. 1998.

*Kessler/Wertheimer (Hg.)*: M. Kessler und J. Wertheimer (Hg.), Multikulturalität. Tendenzen, Probleme, Perspektiven im europäischen und internationalen Horizont, Tübingen 1995.

*Kirchenamt*: Kirchenamt der Evangelischen Kirche in Deutschland/Sekretariat der Deutschen Bischofskonferenz in Zusammenarbeit mit der Arbeitsgemeinschaft Christlicher Kirchen in Deutschland (Hg.), «... und der Fremdling, der in deinen Toren ist». Gemeinsames Wort der Kirchen zu den Herausforderungen durch Migration und Flucht, Bonn/Frankfurt a. M./Hannover 1997.

*Kleber (Hg.)*: K. H. Kleber (Hg.), Migration und Menschenwürde, 23. Internationaler Kongress der deutschsprachigen Moraltheologen und Sozialethiker 1987 in Passau, Passau 1988.

*Klehr (Hg.)*: F. J. Klehr (Hg.), Christliche Erziehung in multikultureller Gesellschaft. Hohenheimer Symposion zur christlichen Pädagogik 1991/92, Stuttgart 1993.

*Leggewie (Hg.)*: C. Leggewie (Hg.), Multi Kulti. Spielregeln für die Vielvölkerrepublik, 3. Aufl., Berlin 1993.

*Lesch (1)*: W. Lesch, Unterwegs zur interkulturellen Demokratie. Sozialethische Überlegungen zur Migrationspolitik, in: Stimmen der Zeit 211/4 (1993) 255–269.

*Lesch (2)*: W. Lesch, Nationalismus und Unterdrückung von Minderheiten. Gibt es ein Recht auf ethnische Identität?, in: Concilium, 348–354.

*Lesch (3)*: W. Lesch, Staatsbürgerschaft und Einwanderungspolitik. Eine politische Philosophie des Fremden, in: F. Paychère (Hg.), Herausforderungen an das Recht am Ende des 20. Jahrhunderts, Stuttgart 1995, 101–114.

*Lienkamp*: Chr. Lienkamp, Der/die/das Andere bzw. Fremde im sozialphilosophischen Diskurs der Gegenwart. Eine Herausforderung der theologischen Sozialethik, in: Furger (Hg.), 150–166.

*Mensen (Hg.)*: B. Mensen (Hg.), Multikulturelle Gesellschaft, Nettetal 1994.

*Micksch*: J. Micksch, Was heisst «interkulturelle Politik»?, in: Ökumenischer Vorbereitungsausschuss zur Woche der ausländischen Mitbürger (Hg.), Viele Kulturen – eine Zukunft, Interkulturelle Woche, Frankfurt a. M. 1992.

*Mieth*: D. Mieth, Menschen auf der Flucht. Sozialethische Überlegungen zur Verteilung von Rechten und Pflichten, in: Concilium, 323–333.

*D. Müller*: D. Müller, Heimat für Menschen unterwegs. Für eine Ethik der Wanderungsbewegungen, in: Concilium, 361–374.

*H. Müller*: H. Müller, Rasse, Ethnos, Kultur, Nation. Eine Phänomenologie zentraler Begriffe im Diskurs um die Migrationsgesellschaft, in: Gorzini/Müller (Hg.), 52–69.

*J. Müller (1)*: J. Müller, Weltweite Migrationen als politische Herausforderung Europas, in: Stimmen der Zeit 210/12 (1992) 795–805.

*J. Müller (2)*: J. Müller, Weltweite Migration und globale Entwicklungszusammenarbeit. Überlegungen zur Notwendigkeit und zu einer Politik langfristiger Migrations- und Fluchtursachenbekämpfung, in: Furger (Hg.), 112–132.

*Münk*: H. J. Münk, Nachhaltige Entwicklung und katholische Soziallehre, in: Stimmen der Zeit 216/4 (1998) 231–245.

*Nassehi/Schroer*: A. Nassehi und M. Schroer, Integration durch Staatsbürgerschaft? Einige gesellschaftstheoretische Zweifel, in: Leviathan. Zeitschrift für Sozialwissenschaft 1 (März 1999) 95–112.

*Ockenfels (Hg.)*: W. Ockenfels (Hg.), Problemfall Völkerwanderung. Migration – Asyl – Integration, Trier 1994.

*Ostendorf (Hg.)*: B. Ostendorf (Hg.), Multikulturelle Gesellschaft: Modell Amerika?, München 1994.

*Prengel*: A. Prengel, Pädagogik der Vielfalt, 2. Aufl., Opladen 1995.

*Pries (Hg.)*: L. Pries (Hg.), Transnationale Migration, Baden-Baden 1997.

*Radtke (1)*: F.-O. Radtke, Lob der Gleichgültigkeit. Die Konstruktion des Fremden im Diskurs des Multikulturalismus, in: Bielefeld (Hg.), 79–96.

*Radtke (2)*: F.-O. Radtke, Multikulturalismus – Regression in die Moderne?, in: Fischer (Hg.), 138–155.

*Rethmann*: A. P. Rethmann, Asyl und Migration. Ethik für eine neue Politik in Deutschland, Münster 1996.

*Reich (Hg.)*: H. H. Reich (Hg.), Die Nationalstaaten und die internationale Migration, Osnabrück 1999.

*Rich*: A. Rich, Wirtschaftsethik, Bd. 1: Grundlagen in theologischer Perspektive, Gütersloh 1984.

*Robertson-Wensauer (Hg.)*: C. Y. Robertson-Wensauer (Hg.), Multikulturalität – Interkulturalität? Probleme und Perspektiven der multikulturellen Gesellschaft, Baden-Baden 1993.

*Ruhloff*: J. Ruhloff, Harmonisierung oder Widerstreit? Über die Bildungsaufgabe in der Kulturenvielfalt, in: Materialien zur Politischen Bildung 2 (1989) 8–15.

*Sassen*: S. Sassen, Migranten, Siedler, Flüchtlinge. Von der Massenauswanderung zur Festung Europa, 2. Aufl., Frankfurt 1997 (Europäische Geschichte).

*Schäfer/Schlöder*: B. Schäfer und B. Schlöder, Identität und Fremdheit. Sozialpsychologische Aspekte der Eingliederung und Ausgliederung des Fremden, in: Furger (Hg.), 69–87.

*Schmid*: P. A. Schmid, Gibt es ein Recht auf Einwanderung?, in: Holzhey/Schaber (Hg.), 75–87.

*Schweizerische Nationalkommission Justitia et Pax/Caritas Schweiz (Hg.)*: Schweizerische Nationalkommission Justitia et Pax/Caritas Schweiz (Hg.), Grenzen überschreiten. Internationale Migration als Herausforderung, Bern 1994.
*Stolz*: S. Stolz, Integrationsförderung in Luzern. Schweizerischer Vergleich. Bestandesaufnahme der AkteurInnen in Luzern, Handlungsvorschläge für Luzern. Lizentiatsarbeit eingereicht bei Prof. H.-R. Wicker im Februar 1999 am Institut für Ethnologie der Universität Bern, Luzern 1999.
*Tafferner*: A. Tafferner, Gewonnene Freiheit bewahren. Zur biblischen Intention der Fremdenliebe, in: Entschluss 48/6 (1993) 9–12.
*Taylor*: Ch. Taylor, Multikulturalismus und die Politik der Anerkennung, hg. von A. Gutman, Frankfurt a. M. 1993.
*Theler*: J. Theler, Asyl in der Schweiz, Freiburg/CH 1995.
*Thomuschat (Hg.)*: Chr. Thomuschat (Hg.), Menschenrechte. Eine Sammlung internationaler Dokumente zum Menschenrechtsschutz, Bonn 1992.
*Treibel*: A. Treibel, Migration in modernen Gesellschaften. Soziale Folgen von Einwanderung, Gastarbeit und Flucht, 2. Aufl., Weinheim/München 1999 (Grundlagentexte Soziologie).
*Tremmel*: H. Tremmel, Grundrecht Asyl. Die Antwort der christlichen Sozialethik, Freiburg 1992.
*Türk*: H. J. Türk, Multikultur – Realität oder Chimäre?, in: Die neue Ordnung 50/1 (1996) 30–40.
*unizürich*: unizürich. Magazin der Universität Zürich, Heft 2 (1996): Multikultur. Zeit für neue Begegnungen.
*Vorstand*: Vorstand des Schweizerischen Evangelischen Kirchenbundes/Konferenz der römisch-katholischen Bischöfe der Schweiz, Die sieben Thesen zur Ausländerpolitik, 2. Aufl., Bern 1985.
*Walzer*: M. Walzer, Sphären der Gerechtigkeit. Ein Plädoyer für Pluralität und Gleichheit, Frankfurt a. M. 1992.
*Warmers*: E. Warmers, Das explosive Nebeneinander. Probleme einer multikulturellen Gesellschaft, in: Lutherische Monatshefte 31 (1992) 541–542.
*Weidenfeld (Hg.)*: W. Weidenfeld (Hg.), Das europäische Einwanderungskonzept. Strategien und Optionen für Europa, Gütersloh 1994.
*Willigenburg u.a. (Hg.)*: Th. van Willigenburg u.a. (Hg.), Nation, State and the Coexistence of Different Communities, Kampen 1994.
*Wils (Hg.)*: J. P. Wils (Hg.), Orientierung durch Ethik?, Paderborn u.a. 1993.
*Wimmer*: A. Wimmer, Binnenintegration und Aussenabschliessung. Zur Beziehung zwischen Wohlfahrtsstaat und Migrationssteuerung in der Schweiz des 20. Jahrhunderts, in: Bommes/Halfmann (Hg.), 199–221.

## Vorträge der Aeneas-Silvius-Stiftung an der Universität Basel

I Theodor Klauser:
Die abendländische Liturgie von Aeneas Silvius Piccolomini bis heute. Erbe und Aufgabe. 1962. 2. Auflage 1965. 47 Seiten (vergriffen)

II Hubert Jedin:
Bischöfliches Konzil oder Kirchenparlament? Ein Beitrag zur Ekklesiologie der Konzilien von Konstanz bis Basel. 1963. 2. Auflage 1965. 39 Seiten (vergriffen)

III Enzo Carli:
Pienza. Die Umgestaltung Corsignanos durch den Bauherrn Pius II. (deutsch von Berthe Widmer). 1965. 40 Seiten und 15 Kunstdruck-Tafeln

IV Giuseppe Zamboni:
Michelangelo als Dichter. 1965. 44 Seiten

V Alphons Lhotsky:
Aeneas Silvius und Österreich 1965. 1965. 56 Seiten (vergriffen)

VI Erich Hassinger:
Religiöse Toleranz im 16. Jahrhundert. 1966. 35 Seiten

VII Jean-Claude Margolin:
L'idée de nature dans la pensée d'Erasme. 1967. 67 Seiten

VIII Carl Jacob Burckhardt:
Richelieus Außenpolitik. 1968. 23 Seiten

IX Milos Djordjevic:
Das serbische Heldenlied im Urteil Jacob Burckhardts. 1969. 33 Seiten

X Paul Oskar Kristeller:
Der italienische Humanismus und seine Bedeutung. 1969. 35 Seiten

XI Hans Georg Schenk:
Die Entchristlichung Europas (1750–1900). 1976. 32 Seiten

XII Miquel Batllori:
Der katalanisch-aragonische Humanismus vom 14. bis 16. Jahrhundert. 1977. 27 Seiten

XIII Heinrich Schmidinger:
Romana Regia Potestas – Staats- und Reichsdenken bei Engelbert von Admont und Enea Silvio Piccolomini. 1978. 34 Seiten

XIV André Gendre:
Humanisme et Folie chez Sébastien Brant, Erasme et Rabelais. 1978. 41 Seiten

XV Victor Conzemius:
150 Jahre Diözese Basel. 1979. 63 Seiten

XVI Cornelis Reedijk:
Tandem Bona Causa Triumphat. 1980. 59 Seiten

XVII Wolfgang Braunfels:
Brunelleschi und die Kirchenbaukunst des frühen Humanismus. 1981. 35 Seiten (vergriffen)

XVIII August Buck:
Humanistische Lebensformen. Die Rolle der italienischen Humanisten in der zeitgenössischen Gesellschaft. 1981. 23 Seiten

XIX Pascal Ladner:
Revolutionäre Kirchenkritik am Basler Konzil? Zum Konziliarismus des Heymericus de Campo. 1985. 27 Seiten

XX Bernhard Stoeckle:
Christliche Friedensidee und christliche Friedenspraxis. 1983. 23 Seiten

XXI Ludwig Schmugge:
Die Kreuzzüge aus der Sicht humanistischer Geschichtsschreiber. 1987. 48 Seiten

XXII Georg Daltrop:
Antike Götterstatuen im Vatikan. 1987. 36 Seiten

XXIII Alois Riklin:
Politische Ethik. 1987. 60 Seiten

XXIV Alois Maria Haas:
Deum mistice videre ... in caligine coincidencie. Zum Verhältnis Nikolaus' von Kues zur Mystik. 1989. 79 Seiten

XXV Nikolaus Lobkowicz:
Das Menschenbild des Zweiten Vatikanum. 1989. 30 Seiten

XXVI Wulf Arlt:
Italien als produktive Erfahrung franko-flämischer Musiker im 15. Jahrhundert. 1993. 43 Seiten

XXVII Damaskinos Papandreou:
Die Konzilien von Basel und Ferrara-Florenz. Orthodoxe Kirche – Unionsbestrebungen. 1992. 35 Seiten (vergriffen)

XXVIII Louis Carlen:
Zeremoniell und Symbolik der Päpste im 15. Jahrhundert. 1991. Publiziert beim Universitätsverlag Fribourg (vergriffen)

XXIX Arnold Esch:
Bern und Italien. 1993. 33 Seiten (vergriffen)

XXX Anton Hänggi:
Liturgie und Konzil. 1994. 24 Seiten

XXXI Jürgen Mittelstrass:
Machina Mundi. Zum astronomischen Weltbild der Renaissance. 1995. 31 Seiten

XXXII Erich Meuthen:
Cusanus und die Orden. Aus der geistlichen Welt des späten Mittelalters. 1996. 56 Seiten

Mit Band XXXIII hat der Verlag Schwabe & Co. AG · Basel die Reihe der Vorträge der Aeneas-Silvius-Stiftung an der Universität Basel vom Verlag Helbing & Lichtenhahn · Basel/Frankfurt a.M. in sein Programm übernommen. Alle vorrätigen Hefte sind bei Schwabe & Co. AG · Basel lieferbar.

XXXIII Max Seidel:
Dolce Vita. Ambrogio Lorenzettis Porträt des Sieneser Staates. 1999. 109 Seiten mit 40 Abbildungen

XXXIV Markus Völkel:
Die Wahrheit zeigt viele Gesichter. Der Historiker, Sammler und Satiriker Paolo Giovio (1486–1552) und sein Porträt Roms in der Hochrenaissance. 1999. 53 Seiten

XXXV Bischof Kurt Koch:
Universität und Kirche. Zu einer notwendigen Beziehung mit Spannungen. 1999. 20 Seiten

XXXVI Hans Halter:
Migrationspolitik zwischen Abschottung und Multikulturalismus. Analysen, Ziele und Leitplanken aus sozialethischer Perspektive. 2000. 38 Seiten